基于路面技术状况评价的
公路建养项目资金预算管理研究
——以宁夏为例

牛玉琳　王章利　李　昂　李瑞杰 / 著

东南大学出版社
SOUTHEAST UNIVERSITY PRESS
·南京·

图书在版编目(CIP)数据

基于路面技术状况评价的公路建养项目资金预算管理研究：以宁夏为例 / 牛玉琳等著. -- 南京：东南大学出版社，2024.11. -- ISBN 978-7-5766-1720-7

Ⅰ. U415.13

中国国家版本馆 CIP 数据核字第 2024K8G109 号

| 责任编辑 | 弓 佩 | 责任校对 | 子雪莲 | 封面设计 | 顾晓阳 | 责任印制 | 周荣虎 |

基于路面技术状况评价的公路建养项目资金预算管理研究——以宁夏为例

Jiyu Lumian Jishu Zhuangkuang Pingjia De Gonglu Jianyang Xiangmu Zijin Yusuan Guanli Yanjiu—Yi Ningxia Wei Li

著 者	牛玉琳 王章利 李 昂 李瑞杰
出版发行	东南大学出版社
社 址	南京市四牌楼 2 号（邮编：210096 电话：025 - 83793330）
出 版 人	白云飞
经 销	全国各地新华书店
印 刷	广东虎彩云印刷有限公司
开 本	700 mm×1 000 mm 1/16
印 张	12.25
字 数	201 千字
版 次	2024 年 11 月第 1 版
印 次	2024 年 11 月第 1 次印刷
书 号	ISBN 978-7-5766-1720-7
定 价	62.00 元

本社图书若有印装质量问题，请直接与营销部调换，电话（传真）：025 - 83791830。

前言
Preface

公路交通是国民经济的基础性、先导性、战略性和服务性行业，是经济的脉络和文明的纽带，是全球可持续发展的重要领域。建设安全、便捷、高效、绿色、经济、包容和韧性的可持续公路交通体系，关乎经济社会的高质量发展。近年来，随着我国公路基础设施的快速发展和公路网的不断扩展，公路建养项目逐渐成为国家财政预算中的重要组成部分。这些项目不仅涉及庞大的资金投入，还关系到公众出行和地区社会经济的发展。然而，如何在有限的财政预算中，科学合理地分配和使用资金，支撑公路各类工程项目的实施，进一步提高财政资源的利用效率，以确保公路建养质量和长期使用性能，成为公路管理部门面临的重大挑战。在这种背景下，资金预算管理的科学性和合理性尤为重要，直接影响到公路项目的实施效果和财政资源的利用效率。

本书主要探讨基于路面技术状况评价的公路建养项目资金预算管理策略。具体来说，将重点回答以下关键问题：如何通过路面技术状况的评价，科学合理地编制和分配公路建养项目的资金预算；在公路建养项目的实施过程中，如何提高预算执行的效率和效果。通过这些问题的探讨，旨在为公路管理部门提供更为科学的资金管理方法，确保资金的有效使用和项目的顺利推进。

有效的资金预算管理不仅可以提高财政资源的使用效率，还能增强公众对政府项目管理能力的信任和支持。通过科学的资金管理，可以优化资源配置，减少资金浪费，确保公路建设与养护项目的顺利实施。同时,基于路面技术状况的评价方法,可以提供更加准确的路面管养需求,为资金预算的制定提供关键依据,从而提高公路养护的质量和效果。具体而言,路面技术状况评价能够通过系统的技术手段,对公路的使用性能和损耗程度进行定期和系统的评估,从而为资金分配提供科学依据,确保有限的资金能够投向最需要的地方。

本书聚焦普通国省干线公路的建设与养护资金预算管理,旨在建立基于路面技术状况评价的公路建养项目资金预算管理框架,通过系统的理论分析和实证研究,提出优化资金预算管理的策略和方法。本书将通过实地调研、数据分析以及案例研究等多种方法,深入探讨公路建养项目资金管理的各个环节,揭示当前管理中存在的问题,并提出相应的解决方案。

通过本书的出版,将有助于提升公路资金预算管理的科学性和高效性,为相关政策制定和实施提供重要依据,推动我国公路建设和管理水平的不断提高,从而更好地服务于社会经济的发展和人民群众的出行需求。

在本书的撰写过程中,作者参阅了大量国内外文献和书籍,罗秉义、冀鹏举、刘亚萍、王小忠、张晓星、董玮、唐民、何梅芳、沈俊、方媛、刘艳娟、李强、李睿佳、王东、杨勇江、佘云星、马文宁、赵莹、李晓强、马斌、张佳卉、张超、彭磊、李强、王豪、吴松等专家先后参与了相关案例分析、资料整理和内容校对工作,在此一并表示衷心的感谢! 由于编写时间紧张,作者水平有限,书中难免有错漏或不当之处,恳请同行专家和广大读者批评指正,以使本书不断完善。

著者
2024 年 11 月

目录 Contents

第一章　绪论 ··· 001
  1.1　研究背景与意义 ······································ 002
    1.1.1　资金预算管理的定义 ··························· 002
    1.1.2　资金预算管理的发展历程 ······················ 002
    1.1.3　公路建养项目资金预算管理 ···················· 003
    1.1.4　公路路面技术状况评价与资金预算管理 ·········· 004
  1.2　资金预算管理在公路建养中的重要性 ···················· 005
  1.3　公路建养资金预算管理面临的挑战 ······················ 008

第二章　理论基础 ··· 013
  2.1　公路建设养护与资金分配基本概念 ······················ 014
    2.1.1　公路基础设施概述 ····························· 014
    2.1.2　公路建设概述 ································· 015
    2.1.3　公路养护概述 ································· 025
    2.1.4　公路建设与养护资金分配原理 ·················· 032
  2.2　公路建养融资模式 ···································· 034
    2.2.1　PPP 模式 ····································· 034
    2.2.2　GFSI 模式 ···································· 039
    2.2.3　PISC 模式 ···································· 040
    2.2.4　AS 模式 ······································ 041

2.3 建养成本控制与资金分配研究综述 ………………………… 041
    2.3.1 公路建设成本控制与资金分配 ……………………… 041
    2.3.2 公路养护成本控制与资金分配 ……………………… 042
    2.3.3 综述总结 ……………………………………………… 044

第三章 路面技术状况评价方法和资金预算管理策略 ………… 045

3.1 公路路面技术状况评价方法 …………………………………… 046
    3.1.1 路面技术状况评价概述 ……………………………… 046
    3.1.2 基于分类算法的路面状况分级 ……………………… 048
    3.1.3 项目优先程度排序 …………………………………… 054
    3.1.4 养护措施效果评价 …………………………………… 056
3.2 公路建养项目的资金预算管理策略 …………………………… 065
    3.2.1 预算编制的精细化 …………………………………… 065
    3.2.2 预算执行的严格监控 ………………………………… 066
    3.2.3 预算调整的灵活性 …………………………………… 067
    3.2.4 预算控制的系统化 …………………………………… 067
    3.2.5 绩效评价与预算反馈 ………………………………… 068
3.3 公路路面建养资金分配方法 …………………………………… 069
    3.3.1 常见系统决策优化方法 ……………………………… 069
    3.3.2 养护资金多目标优化方法 …………………………… 076

第四章 公路建设养护资金预算管理分析 ………………………… 079

4.1 预算管理方法 …………………………………………………… 080
4.2 预算编制过程 …………………………………………………… 082
4.3 公路建养预算构成 ……………………………………………… 087
    4.3.1 公路建养工程组成 …………………………………… 087
    4.3.2 建养工程费用组成 …………………………………… 089
    4.3.3 建养工程费用计算 …………………………………… 090
4.4 常见模型 ………………………………………………………… 092

第五章 公路资产管理数字化系统 ………… 095
5.1 公路资产管理数字化标准 ………… 096
5.1.1 公路资产分类思路 ………… 096
5.1.2 公路资产编码规则 ………… 097
5.1.3 标准要求 ………… 098
5.2 公路资产价值计量模型 ………… 100
5.2.1 公路资产全要素价值计量模型 ………… 101
5.2.2 公路资产全生命周期价值计量模型 ………… 102
5.3 公路资产全生命周期数字化管理平台 ………… 102
5.4 公路资产管理数字化案例分析 ………… 110

第六章 宁夏路面技术状况评价分析 ………… 115
6.1 宁夏公路网基本情况分析 ………… 116
6.1.1 公路网整体概况 ………… 116
6.1.2 国省干线公路网概况 ………… 118
6.1.3 农村公路网概况 ………… 134
6.2 宁夏公路路面技术状况评价 ………… 138
6.2.1 公路路面技术状况评价的挑战 ………… 139
6.2.2 宁夏公路"三色"综合评价划分 ………… 141
6.2.3 宁夏公路路面性能分类评价 ………… 143
6.2.4 宁夏公路"三色"可视化管理系统 ………… 145
6.3 宁夏公路建设与养护发展展望 ………… 149
6.3.1 技术创新与应用 ………… 149
6.3.2 绿色环保发展 ………… 151
6.3.3 资金投入与融资模式创新 ………… 152
6.3.4 安全性指标的提升 ………… 153

第七章 宁夏公路建养资金预算管理分析 ………… 155
7.1 宁夏公路财务管理概述 ………… 156

7.1.1 公路财务管理发展历程 …………………………………… 156
7.1.2 公路财务管理概况 ………………………………………… 156
7.2 宁夏公路建养资金优化 ……………………………………………… 158
7.2.1 典型养护工程养护方法及费用 …………………………… 158
7.2.2 宁夏公路多目标养护决策 ………………………………… 161
7.2.3 养护维修资金最优化分析 ………………………………… 164
7.3 宁夏资金预算管理发展建议 ………………………………………… 167
7.3.1 不断优化管理体制 ………………………………………… 167
7.3.2 固定资产与财务资金管理 ………………………………… 168
7.3.3 创新驱动与数字化转型 …………………………………… 169
7.4 宁夏资金预算管理发展展望 ………………………………………… 169
7.4.1 大数据与人工智能的应用 ………………………………… 170
7.4.2 全寿命周期成本管理 ……………………………………… 170
7.4.3 绩效评价与反馈机制 ……………………………………… 171

参考文献 ……………………………………………………………………… 172

第一章

绪 论

1.1 研究背景与意义

在国家提出的治理能力现代化和新时代财政治理效能管理要求下,资金预算管理的科学化、规范化显得尤为重要。通过应用现代化的管理工具和技术,如大数据分析、人工智能和 GIS 系统(地理信息系统,Geographic Information System 或 Geo-Information System,简称 GIS),能够大幅提升资金预算管理的科学性、灵活性和精确性。例如,传统的公路行业预算编制过程往往涉及多个业务、多个领域,耗时耗力,且容易受到人为错误的影响。现代技术,特别是人工智能技术和数据接口的应用,使得预算数据的收集、整理和分析过程可以自动完成。通过与各类业务系统的集成,全面预算管理系统能够实时获取最新的数据,并进行智能计算和分析,从而提高预算的准确性和可信度。借助先进的数字化、信息化、智能化技术,使得财务数据与业务数据能够更好地融合,通过构建多维度的数字模型,可更深入地理解业务和财务之间的关系,实现基于数据的决策,支持业务乃至单位长期战略规划和模拟分析,从而预见未来可能出现的机遇和风险,做出更加科学的决策。

通过科学的资金预算管理,不仅能够提高公共资源的使用效率,提升财政资金的使用效果,还能增强公众对政府项目管理能力的信任,促进社会的和谐发展和进步。这些举措有助于实现新时代财政治理效能的提升,推动国家治理体系和治理能力的现代化进程。

1.1.1 资金预算管理的定义

资金预算管理是系统的财务规划过程,涉及对组织或项目的未来收入和支出进行预测和监控,旨在确保资金在正确的时间、正确的地点被有效使用,支持长期战略目标和日常运营目标。对于公路建养项目来说,资金预算管理主要的活动包括预算编制、预算执行、预算控制以及预算绩效的全过程评估和监控,有效的资金预算管理可优化资源配置,减少浪费,进而有效应对财务风险。

1.1.2 资金预算管理的发展历程

资金预算管理的概念最早起源于企业,为了更好地控制成本、增加盈利能力而发展起来。随着时间的推移以及管理理论的演进和经济的全球化,资金预算管理的理念和技术也被广泛应用于公共部门,尤其是在基础设施和公共服务项目中。

20 世纪初,随着政府对公共基础设施建设重视度的提高,资金预算管理开始在公共部门得到实施。例如,在美国,公路建设和维护是早期采用资金预算管理的领域之一。通过征收燃油税和车辆使用税,政府建立了专门的公路信托基金,专用于公路建设和维护,这种机制确保了公路建设资金的稳定来源和合理使用。

进入20世纪后半叶,随着项目管理技术的成熟,资金预算管理方法也更加科学和系统化。挣值管理(Earned Value Management,EVM)技术的引入使得项目经理不仅能够追踪项目的财务状态,还能同时监控项目进度与绩效,从而实现更有效的成本控制和项目管理。此外,信息技术的应用,如项目管理软件和财务管理系统的开发进一步提高了资金预算管理的效率和准确性。

现代资金预算管理进一步强调可持续性和透明度,特别是在公共部门项目中,公众和利益相关者要求高度的财务透明和责任制。因此,在公共组织改革和财政改革背景下,现代资金预算管理不仅是财务工具,更是重要的战略决策工具,能够帮助政府和经济组织在全球经济环境中保持竞争力。

1.1.3 公路建养项目资金预算管理

公路建养项目通常涉及庞大的资金,这些资金主要来自公共财政。因此,确保这些资金得到科学管理,不仅关乎公共资源的有效利用,还直接关系到政府的公信力。科学的资金预算管理能够优化资源配置,提升资金使用的透明度,同时可增强公众对政府项目管理能力的信任。

2015年至2020年间,我国公路养护财政支出呈现波动增长,尤其在2018年至2020年间,公路养护财政支出持续上升,这与我国公路里程和负载情况直接相关。2020年,公路养护公共财政支出决算数达到885.83亿元,比2019年增长了6.34%。根据《国家综合立体交通网规划纲要》,未来我国将建设国家高速公路网、地方高速公路网、普通国道网等,预计总里程约46万km,其中国家高速公路网约16万km,普通国道网约30万km。因此,公路养护基础里程预计将持续增长。鉴于对基础设施建设和养护的持续重视,预计未来我国公路建养的财政投入将持续增长。

伴随基础设施投资的快速增长,政府日益注重资金预算管理。例如,多个省份已经采用GIS技术来支持公路资产的管理和维护,从而提升资金管理的科学性和精确性。GIS技术在支撑公路资产管理方面发挥着重要作用,特别是在资产数据可视化与查询、资产监测与评估、资产维护规划与调度、资产风险预警与应急管理、数据分析与决策支持等方面,能够实时监控公路的使用状况和维护需求。通过建立集成了 GIS 的公路资产管理系统，实时更新路况信息，自动分析道路磨损情况和事故频发区域，使资金投入更加精确，确保资金直接分配到最需维护的区域，从而最大化提高公共资源的使用效益。

1.1.4 公路路面技术状况评价与资金预算管理

公路路面技术状况评价是确保公路建养项目资金预算管理科学性和合理性的重要前提。通过对公路路面的技术状况进行定期和系统地评价，可以准确掌握公路的使用性能和损耗程度，为资金预算的编制和分配提供关键依据。

1. 技术状况评价的重要性

技术状况评价对于公路建养项目具有多重意义。首先，它有助于识别公路网络中的薄弱环节，确定养护和维修的优先级；其次，评价结果可以指导资金的合理分配，确保有限的财政资源能够投入最需要的路段中；此外，技术状况评价还能为公路资产管理提供科学的数据支持，帮助管理者进行长期规划和决策。

2. 评价方法与指标

公路路面技术状况评价通常涉及多种方法和指标，包括但不限于路面损坏状况、平整度、抗滑性能、结构强度等。通过这些指标的综合分析，可以对路面的使用性能进行全面评估。评价方法应随着技术的发展不断更新，吸收国内外先进成熟的新技术和新方法，满足我国当前公路检测评定的工作需求，以适应新材料、公路设计和施工技术的发展。

3. 资金预算的编制与调整

资金预算的编制应基于技术状况评价的结果。在预算编制过程中，财务部门和业务部门协同，充分考虑路面的当前状况、预期的养护需求以及未来的交通量预测。此外，预算还应包含对突发事件的应对措施，如应对自然灾害导致的损害等。

4. 绩效评估与预算控制

绩效评估是资金预算管理的关键环节，它通过评价养护工程的实际效果与预期目标的匹配程度，来控制和优化资金的使用。绩效评估指标应涵盖成本效益、工程质量、服务水平等多个方面。通过绩效评估，可以及时发现问题，调整预算分配，提高资金使用效率。

5. 面向未来的技术与创新

随着大数据、人工智能等新技术的发展，公路路面技术状况评价和资金预算管理的方法也在不断创新。利用这些新技术可以更准确地预测公路的使用状况和养护需求,实现资金预算的动态管理和优化。此外,新技术的应用还有助于提高评价和预算编制的效率,降低管理成本。

1.2 资金预算管理在公路建养中的重要性

1. 优化资源分配

资金预算管理在公路建设与养护领域扮演着至关重要的角色,不仅保证了财务资源的高效配置,还直接关系到公路系统的性能和安全。在当前"过紧日子"的形势下,鼓励各政府部门采用更经济、更有效率的经营方法,把有限的资金投入最急需的地方,如新建工程、日常养护和重大损毁路段的应急维修等,这种经营战略更显得至关重要。通过分析,预算管理不仅能确保资金的合理使用,还能预防未来可能出现的问题,从而减少意外事故和维护成本。

在实施过程中,需要对路网现状进行细致的评价,确定重点养护路段、隐患路段,并对其未来的运营费用进行预测。预算管理是一项动态的工作,要根据工程进度、市场变化和政策的变化作出相应的反应。在"过紧日子"的大背景下,要不断地对财政规划进行动态监测与调整,以保证财政投入达到最佳效果。

此外,有效的资源分配还包含对财务计划的持续监控和调整。预算管理是动态过程,需要根据项目进度、市场变化以及政策调整等因素灵活应对。例如,如果某个路段发生突发事件需要立即修复,预算管理能够迅速调整,将资源重新分配到这个紧急项目上,以确保公路网络的连续性和安全性。在更宏观的层面,有效的资金预算管理能促进经济和社会的发展。公路网络作为基础设施的重要部分,对促进地区间贸易、加强社区联系以及提升居民生活质量具有直接影响。因此,通过优化资源分配,公路项目不仅提升了交通效率,还促进了就业,增强了地区经济的竞争力。

总而言之,科学合理的资金预算管理对于公路建养项目的成功实施至关重要,通过确保资金的高效利用,不仅提升了公路系统的使用性能和安全性能,还对促进经济社会的可持续发展具有积极作用。综合经费预算表现如图1-1所示。

2. 降低和控制成本

在公路建设和养护项目中实施有效的成本控制是核心,关键在于通过一系列综合措施优化资源利用,提升经济效益。通过执行稳健的预算管理策略、细化项目规划、采用分阶段审查和批准过程,确保每一笔支出都是必要和合理的。严格的财务监督和定期的成本效益分析有助于及时识别成本超支的风险,调整

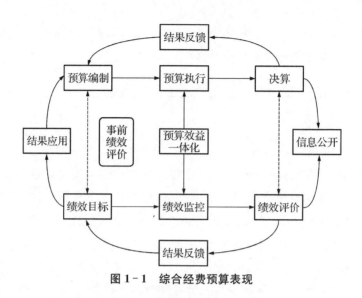

图 1-1 综合经费预算表现

预算分配,避免不必要的浪费。为了进一步强化成本控制,还可以从技术和管理两个维度入手,以实现成本的持续降低。

采用先进的技术和材料能够提高工程的耐用性和可靠性,从而从长期降低维护成本。例如,使用高性能混凝土可以延长道路寿命,减少日后的修补和养护需求。同时,优化工程设计,比如采用更有效的排水系统设计,可以预防水损害,进一步降低未来的养护成本。提高工作效率也是控制成本的另一个关键。通过培训员工、引进现代化设备以及采用高效的工作流程和方法,可以显著提升施工速度和质量,减少资源消耗和时间延误。加强供应链管理,比如选择合适的供应商和批量采购材料,可以获得更优惠的价格和更可靠的材料供应,降低项目成本。

通过这些综合性策略,公路建设和养护项目能在控制成本的同时,确保工程质量,支持可持续发展目标,为社会和经济的发展提供坚实的基础。

3. 辅助财务规划和预测

财务规划和预测在公路建养项目中发挥着关键作用,提供了有效管理财务资源的战略路线图。通过对历史数据、市场趋势和项目特定需求的深入分析,财务规划可帮助确定未来的资金需求并制定相应的预算框架。这种前瞻性的方法能够预测财务挑战和机会,助力战略决策,包括资本筹集、成本节约措施和投资优先级的确定。此外,财务规划和预测在项目执行中的风险管理方面扮演重要角色。通过预测各种情景下的财务结果,可以采取预防措施减轻财务风险,确保项目顺利进行。例如,材料成本的波动或项目意外延期可能对项目的财务健康产生重大影响。预测性财务建模有助于制订应急计划,获取额外资金或重新分配资源以积极应对不确定性。

综上所述,通过实施财务规划和预测,公路建养项目能够维持财务稳定,应对不断变化的挑战,实现公路建、管、养、运可持续发展目标,不仅保障了项目执行所需的资本,还有利于资金的科学投资,支持公路基础设施的发展和长期维护工作。

4. 增强项目管理效能与透明度

在提升公路维护与管理项目的管理效能与透明度方面,适当的预算管理扮演着核心角色。要实现这一目标,不仅需要对公路项目的各个环节进行明确和详尽的预算划分,还需运用先进的可视化管理和决策技术。通过这种方法,管理者能够更有效地监控资金流向,确保每一笔开支都能够对项目的进展和成效做出正向贡献。此外,现代化的财务管理实践,尤其是信息技术的运用,对于提高预算管理的效率和透明度尤为重要。自动化的财务报告系统、实时的财务数据分析以及增强的成本控制机制共同构建了更为透明、高效的财务管理环境,不仅有助于及时调整和优化预算分配,还能够提升利益相关者对项目财务状况的理解和信心。

将可视化管理技术融入财务管理策略中,通过颜色编码直观显示项目的不同状态,这种创新手段不仅让复杂的财务信息变得易于理解,还增强了非财务背景利益相关者的参与度和决策能力。通过这种方式,能够增强项目的管理效能与透明度。在确保预算管理的高效与透明的同时,定期进行财务审计和评估也是不可或缺的。这些措施能够确保项目财务管理的合规性,发现潜在的风险与问题,并促进持续的改进与优化。通过全方位、多层次的管理策略,可以显著提高公路建养项目的成本效益和项目执行效率,为公路基础设施的持续改善和发展提供坚实的财务支持和管理保障。

5. 优化投资和融资策略

在提高公路建设和养护项目财务资源价值的过程中,优化投资和融资策略显得尤为关键,这一策略的核心在于能够识别并选择最具成本效益的投资机会和融资方式,确保资金的有效利用,同时维护项目财务的健康发展。投资策略的优化需求源自对项目长期回报的精确评估的必要性,它不仅包括对财务预期、经济与社会效益的综合考量,还涉及对相关风险及未来财务可持续性的评估。例如,投资创新技术或新型材料能够在提高建设效率和耐用性的同时,降低长期的维护费用,进而提升公路的整体使用寿命。评估各种投资方案的财务可行性,需要利用净现值(NPV)、内部收益率(IRR)和敏感性分析(SA)等财务模型和工具,从而为投资决策提供坚实的数据支持。

与投资策略并行的是融资策略的优化,它要求综合考虑不同融资渠道的成本和条件,旨在挑选出最符合项目需求且能最大化资金效用的融资方式。公私合营模式是一种融合公共与私营部门资源的融资方案,能够充分利用私营部门的创新性和效率,同时借助公共部门的稳定性和可持续性。国家和地方政府的资金支持对于基础设施项目而言是重要的融资途径,能够显著减轻项目的财务负担。此外,金融市场上的贷款和债券提供了另一种流动性资金来源,尽管它们要求项目运营方具备良好的信用评级和偿还能力。战略性财务规划在优化这些策略中扮演着至关重要的角色,不仅要求项目管理者具备深入的市场洞察力和强大的财务规划能力,还需要能够根据市场和项目进展的变化灵活调整策略。考虑到项目的长期目标、风险管理、资金成本和回报率,构建高效的财务策略至关重要。例如,采用多元化的融资策略可以帮助分散风险,同时具有利用不同融资渠道的特点。在投资决策过程中,应用动态评估机制,实时监控项目进展和市场趋势,有助于及时调整投资方向,确保投资回报的最大化。

1.3 公路建养资金预算管理面临的挑战

公路建设和养护工程在资金预算管理中面临的挑战是多方面的,需要综合考虑资金筹集、分配、执行效率、政策适应性以及环境变化等因素。

1. 预算管理的复杂性

(1) 公路建设和养护工程的资金来源广泛,从资金来源角度,包括政府预算、国际贷款、私人投资、公共私营合作(PPP)等;从投融资模式角度看,包括政府直接投资、政府和社会资本合作专项债券、特许经营投资人＋设计施工总承包、授权－建设－运营(ABO)基金＋设计施工总承包等模式。管理者需要对这些资金来源的流程有深刻理解,并能够有效地评估不同融资方式的风险与回报。

(2) 极端气候事件和技术进步带来的不确定性使得项目成本管理变得更加复杂。需要采取灵活的预算安排,如建立应急基金、运用成本效益分析来合理分配资源,并定期重新评估和调整预算,以适应需求的变化和未来挑战。

(3) 环保和可持续发展目标的提升要求公路建设和养护项目在预算管理中加入对环境影响的考量和气候变化的适应措施,如加快公路交通绿色低碳转型,推进节能环保技术和装备应用,落实生态环保相关法律法规要求,推进大气、水、土壤、固体废弃物等领域多污染物与温室气体协同控制,将可能增加项目的初始成本,但从长期角度看,有助于实现成本效益和环境保护的双赢。

2. 资金来源的不稳定性

(1) 政府财政预算变化

公路建设和养护预算通常来自政府的财政预算。然而,政府在每年的预算中分配给公路建设和养护的资金可能会受到政策、政治和经济等因素的影响,导致资金数量的波动和不确定性。如财政部、交通运输部联合印发的《交通运输领域重点项目资金管理办法》(财建〔2024〕366号)明确了重点项目资金支出范围为国家高速公路和普通国道支出,综合交通融合发展支出,交通运输安全应急保障支出,交通运输智能化、数字化、信息化支出等,确定了项目法分配重点项目资金实施方案;财政部、交通运输部联合印发的《交通运输领域专项资金管理办法》(财建〔2024〕367号)明确了该专项资金为财政部专项转移支付,不得用于平衡一般公共预算,可用于普通省道、农村公路支出,确定了因素法分配专项资金实施方案。

(2) 税收变化

公路建设和养护的资金往往来自燃油税等收入。然而,这些税收的数量和稳定性受到多种因素的影响,包括油价波动、车辆数量的变化、新能源汽车的普及带来汽油车辆的减少、税收政策的调整等。如果这些税收收入发生变化,将直接影响公路建设和养护预算的稳定性。

(3) 经济周期

公路建设和养护预算也可能受到经济周期的影响。在经济衰退期间,政府可能会削减在基础设施领域的支出,压缩公路建设和养护预算。这种情况下,资金来源的不稳定性将会加剧,导致公路建设和养护的质量和效率下降。

3. 预算执行效率较低

(1) 管理机制的缺陷

决策过程缺乏有效的参与和反馈机制,导致决策可能不充分满足实际需求和优先级,影响资金分配的合理性和效率。项目审批流程复杂且时间消耗长,增加了项目启动的时间成本,影响了资金的及时使用。信息公开程度不足,影响了公众和利益相关方对预算执行情况的监督与评估,减少了管理层改进效率的外部压力。

(2) 监管机制的不足

缺乏有效的监督机制来确保资金使用的合规性和高效性,项目评估和绩效评价机制不够完善,难以准确衡量资金使用的效果,导致资金可能未能用于最需要或回报最高的项目。缺少有效的反馈渠道,无法及时收集和处理项目执行过程中的问题,也难以根据实际情况调整项目计划或资金分配策略。

(3) 技术与人才短缺

技术和专业人才的短缺也是影响预算执行效率的重要因素。由于缺乏先进的管理工具和技术,以及专业人才的不足,资金管理和监督工作无法被高效执行。缺乏现代化的财务管理和项目管理工具,使得资金分配和监督工作效率低下,难以实现精细化管理。管理和监督团队缺乏足够的专业知识和经验,难以有效识别和解决资金使用中的问题,影响了决策的科学性和资金使用的效率。

4. 资金筹措困难

(1) 经济形势变化的影响

全球经济的不确定性,特别是主要经济体经济政策的变动,对地区的外向型经济有直接影响,可能导致出口收入波动,进而影响财政收入和资金筹措能力。我国经济从高速增长转向高质量发展的过程中,对资源配置和行业政策进行调整,这可能导致地方财政收入的不确定性增加,影响到建养资金的稳定筹措。地方政府为了促进经济发展,可能会承担较高的债务,这对财政预算构成压力,限制了新的资金筹措空间。

(2) 政策调整的影响

中央和地方政府在财政政策上的调整,如税收政策变化、财政支出优先级调整等,都会影响到建养资金的筹措和分配。随着环保和可持续发展政策的加强,对基础设施项目的环境影响要求更高,可能导致建设成本增加,对资金筹措构成额外挑战。此外,对于一定时期内的重点工作,也会配套相关政策予以支持。如财政部、交通运输部在2024年4月联合印发的《关于支持引导公路水路交通基础设施数字化转型升级的通知》,重点支持国家综合立体交通网"6轴7廊8通道"主骨架及国家区域重大战略范围内的国家公路,开展数字化转型升级,促进交通基础设施智慧扩容、安全增效、产业融合,从而实现以较少资源和资金消耗实现交通基础设施数字化改造、智能化响应和智慧化支撑的新模式、新形态,撬动交通基础设施承载能力、安全和服务水平的有效提升。

5. 环境和气候变化的不确定性

(1) 自然灾害和气候变化的影响

随着气候变化,自然灾害的频率和强度可能会增加,例如暴雨、洪水和风暴等。这些灾害可能对公路基础设施造成严重损坏。此外,气候变化带来的气温和降雨变化也会影响路面和桥梁的耐久性和稳定性。例如,高温可能导致路面沥青软化,降雨可能导致路基冲刷等问题。这些因素不仅增加了对公路基础设施的修复和养护需求,而且由于其发生时间和程度难以预测,给预算管理带来了较大的不确定性。

(2) 长期规划的不确定性

公路养护预算需要考虑未来数年甚至数十年的养护需求,然而气候变化对公路基础设施的影响难以准确预测,这给长期规划带来了不确定性。预算管理者需要密切关注气候变化的发展趋势和环境影响,采取相应的应对措施,以确保公路基础设施的可持续发展和充分的养护。

6. 技术和创新的挑战

(1) 新技术融入与成本管理

随着科技的快速发展,公路建设和养护工程需要不断融入新技术,如智能交通系统、自动化施工技术、耐久性材料等,以提高工程的质量和效率。然而,新技术的引入往往伴随着高昂的研发和实施成本,这对预算管理提出了更高的要求。

(2) 持续学习与团队发展

技术更新换代快,为确保管理和施工团队能够跟上技术发展的步伐,需要持续的学习和培训。这不仅涉及资金的投入,还包括人力资源的规划和配置。

(3) 技术创新与长期成本规划

技术创新还可能带来运营和维护成本的变化,需要在预算中考虑到这些长期成本,并为之做好相应的资金准备。

7. 公众参与和利益相关者的协调

(1) 公众参与

公众参与可以提高项目的透明度和公信力,但同时也要求在预算管理过程中要有有效的沟通和协商机制,以平衡不同利益相关者的需求和预期。

(2) 利益相关者的需求考量

公路建设项目常常受到当地社区、环保团体,以及其他利益相关者的密切关注。这些群体的期望和需求必须在预算管理中得到充分考虑,以确保项目的顺利进行和社会的广泛接受。

(3) 社会和环境影响评估

利益相关者的协调还涉及对项目可能产生的社会和环境影响的评估,这可能需要额外的资金用于缓解措施,如环境恢复、社区补偿等。

8. 政策和法规的适应性

(1) 政策和法规的变化对资金及预算规划的影响

政策和法规环境的变化直接影响公路建设和养护工程的资金筹措、使用及预算规划。例如,环保法规的加强可能要求项目采取更昂贵的环保措施,而土地使用政策的变化可能影响项目的成本和进度。因此,预算规划需要具备足够的法规适应性,深入理解和预测政策变化,以便提前规划和准备,减少政策变动带来的不利影响。

(2) 预算策略的灵活性

预算管理策略需要具备足够的灵活性,以适应政策变动带来的影响。这可能包括建立政策变动应对基金、调整项目规划以符合新的法规要求等。

9. 需求预测的不确定性

(1) 交通流量的变化

受经济发展、人口增长、区域规划调整等多种因素的影响,很难精确预测这些因素的变化趋势,从而导致对交通流量的预测存在较大的不确定性,进而影响公路建管养预算。

(2) 科学技术的进步

公路建设和养护技术不断创新和发展,新材料、新工艺、新设备不断涌现。这些技术进步可能会改变公路建设和养护的成本结构,但在预算编制时很难准确预测哪些技术会得到广泛应用以及它们对成本的具体影响。比如,新型绿色低碳长寿命路面材料可能具有更长的使用寿命和更好的路用性能,但价格也可能较高,如果在预算中没有考虑到这种技术变化,可能会导致资金安排不合理。

10. 成本波动的复杂性

(1) 材料价格波动

公路建设和养护需要大量的材料,如钢材、水泥、沥青等,这些材料的价格受到市场供求关系、国际大宗商品价格、运输成本等多种因素的影响,波动较大,常引起工程项目计量时出现设计变更。因此,很难在预算编制时准确预测材料价格的变化趋势,这给资金预算管理带来了一定的挑战。例如,沥青价格可能会因为国际油价的波动而大幅上涨,导致公路养护成本超出预算;公路用砂石材料可能受当地环保政策、砂石料场产量、附近地域其他重大工程需求等方面影响而出现价格波动。

(2)人工成本上升

随着经济的发展和劳动力市场的变化,人工成本也在不断上升。公路建设和养护行业需要大量的劳动力,人工成本的上升会直接增加项目的总成本。而且,人工成本的上涨趋势难以准确预测,给预算管理带来了困难。

(3)外部环境影响

自然灾害、政策变化、环保要求等外部因素也可能对公路建设和养护成本产生重大影响。例如,一场严重的洪水可能会损坏大量的公路设施,需要额外的资金进行修复;环保政策的实施可能会要求使用更加环保的材料和工艺,增加建设成本,也可能对公路建设项目土地报批进度产生影响,造成工程建设投资进度出现偏差。

第二章

理论基础

2.1 公路建设养护与资金分配基本概念

2.1.1 公路基础设施概述

公路基础设施是以服务公众出行和社会发展为目标，保证区域内所有主体日常活动能够正常运行的社会服务设施。传统公路基础设施包括道路主体结构（路基、路面）、桥梁与隧道、交通标志和标线、安全设施和服务设施等。随着科技发展和进步，新型公路基础设施包括智能道路基础设施、车用无线通信网络、高精度时空基准服务、智慧公路建设等，是智慧交通系统的重要组成部分，它将先进的信息技术、数据通信传输技术、电子传感技术、控制技术及计算机技术等有效地集成运用于公路运输管理体系中。作为基础设施建设项目，公路建养工程具有线路长、涉及面广、流动性大、专业性强等特点，其建设管理与一般的项目相比，具有鲜明的长期性、复杂性、社会性、多方协调性和目标多重性等特点。

1. 长期性

公路建设管理周期较长，从规划立项、工程可行性研究、勘察设计、工程施工、交工验收试运行到最后竣工验收，一般要跨越多个年份，管理周期长。

2. 复杂性

公路工程建设包括路基路面工程、桥梁工程、隧道工程、交通安全设施、交通机电工程、绿化工程、沿线设施等，各项工程需要专业性很强的施工队伍和专业人员的参与，技术难度大、交叉作业点多。由于参建单位不同、人员组成复杂、变动大，项目参建各方技术水平和管理能力的强弱直接关系到公路项目的建设质量、工程进度和管理效率。

3. 社会性

公路作为准公共产品，其建设投资额度大，建成后将长期发挥作用，这就决定了它的社会性，即项目实施过程中和投入使用后，将给当地经济、社会和环境带来直接影响。因此，在公路建设管理过程中必须考虑到其社会性的特点，将促进所在地区经济与社会发展作为项目建设目标之一，并对社会效益和环境效益加以重点考虑。

4. 多方协调性

公路工程建设项目的涉及面广，在一个完整的建设周期内，涉及规划、国土、交通等主管部门及业主、设计、施工等参建单位；同时，沿途还涉及各级政府、厂矿、村庄等。因此,公路建设管理不仅要解决好项目组织内部的协调问题,还应该处理好与政府部门、金融组织、社会团体、服务单位、新闻媒体以及周边群众等在内的外部协调问题。

5. 目标多重性

由于项目各参建单位的利益出发点不同,项目目标具有多重性与一致性。一方面,各个单位的具体目标与总体目标之间存在着不一致性,例如,对于公路工程建设项目的业主来说,追求的是项目早日建成投入使用,同时实现投资最小、工期最短、质量最佳,以及项目建成投入使用以后带来的投资效益、社会效益与环境效益等最大化;而承包商追求的是从事该项工作可给本单位带来的利润,对于建设项目本身的投资效益并不关心。另一方面,由于各个参建单位能够保证其目标实现的前提是建设项目的完成,即按照业主的要求在保证总目标实现的前提下才能实现具体单位的分目标,因此又具有目标的一致性。公路工程建设管理的过程本身就是目标不一致性与一致性的矛盾和统一,具有管理的难度,需要建立以业主为主体的激励和约束机制来实现目标管理。

2.1.2 公路建设概述

1. 公路建设管理体制

我国公路建设管理体制总体上是贯彻"政府主导、事权对等、分级负责"的管理原则。交通运输部主要负责全国国道主干线和国家、部重点公路建设项目的监督管理,省级交通主管部门负责本行政区域内的国道、省道和省重点公路建设项目和建设任务的监督管理,地市级、县级人民政府交通主管部门负责本行政区域内公路和乡村道路建设项目及建设任务的监督管理。公路建设管理的主要内容包括公路建设的基本建设程序、建设市场、施工管理、建设资金、技术创新等方面,具体如图 2-1 所示。公路建设与管理政策由中央交通主管部门和地方政府的交通主管部门进行制定并实施,体现了我国以行业划分的政府纵向管理特点。我国的公路建设与管理的政策执行示意图如图 2-2 所示。

我国公路建设管理部门统一建设与管理公路设施,从全国的整体进行战略布局与规划,充分发挥中央政府对于公路交通资源的规划整合。但是公路建设的具体实施运作是各级地方政府部门从本地的经济发展与利益出发,在实施上一级政府规划的同时也会制定本身的规划。

实现基于全寿命周期的公路建设政策制定与目标实施要建立和发展有利于全寿命周期理论实现的政策环境，主要包括技术政策、法律政策、环境政策和相应的教育政策等一系列的政策体系，以全方位地确保公路建设。

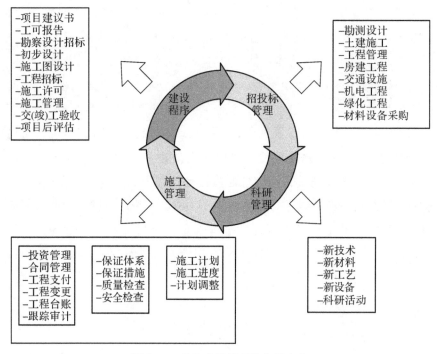

图 2-1　公路建设管理的主要内容

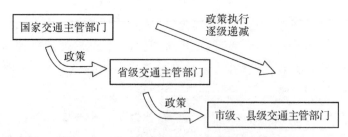

图 2-2　公路建设与管理的政策执行示意图

2. 公路建设基本原则

（1）系统协调原则

任何事物都处于系统中，具有普遍联系。政策处于一个政策体系之内，与其他相关政策互相联系、促进和制约。在政策制定过程中要从系统的观点出发，以综合协调为原则，注重近期与远期、整体与局部、内部与外部以及各个政策之间的相互关系,从而使各项政策成为有机的整体相互支持、协调促进,以避免"撞车"现象发生。公路工程建设是一个系统工程,在规划、建设、运营维护的全寿命周期内一定要遵守系统性原则。

(2) 环境成本最小化原则

通过土地资源和建筑材料的节约有效利用,实现可持续发展,是公路建设与发展的重要目标。污染者付费原则是要利用市场手段对公路建设中的环境污染与破坏进行经济补偿。公路设施在全寿命周期内都要遵循环境成本最小化原则,实施生态保护与生态设计,通过环境政策的制定与实施,政府能够有效管理公路建设带来的负外部效应。

(3) 成本—效益最大化原则

在公路建设的完整生命周期中,综合考量成本与效益的关系至关重要,这不仅包括建设阶段的费用,还应涵盖规划阶段的资源投入以及运营期间的维护开支。全寿命周期成本的考量是公路建设政策的核心原则,不容忽视。特别是在整个生命周期中,循环经济理念的融入对公路的养护管理实践有着深远的影响,它不仅能够显著降低公路建设的总体成本,还能减少对环境的负面影响。

(4) 公众参与原则

公众参与是民主化和人性化的充分体现。社会公共服务功能是政府在公路设施提供方面最根本的目标,而民主化、公众参与是实现和满足这一目标最大化的手段。在公路建设的不同阶段让不同的公众群体参与决策的做法和相应机制是公路建设在全寿命周期内应当遵守的重要原则。

3. 公路建设程序

公路基本建设程序流程图如图 2-3 所示,图 2-3 所示程序中的主要内容有:

(1) 项目建议书

项目建议书是在经济规划、运输规划和道路规划的基础上产生的技术政策性文件,是按项目或年度列出的待建项目,它既是进行各项前期准备工作的依据,又是可行性研究的基础。项目建议书应对拟建项目的目的、要求、主要技术指标、原材料、投资估算及资金来源等提出文字说明。

根据《政府投资条例》(中华人民共和国国务院令第712号)第九条的规定,政府采取直接投资方式、资本金注入方式投资的项目,项目单位应当编制项目建议书、可行性研究报告、初步设计,按照政府投资管理权限和规定的程序,报

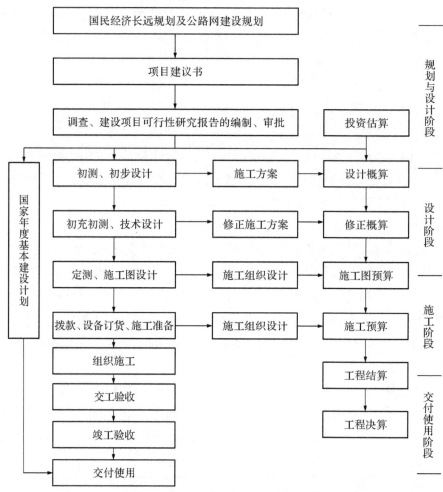

图 2-3 公路基本建设程序流程图

投资主管部门或者其他相关部门审批。

此外,《自治区人民政府关于印发〈宁夏回族自治区政府投资管理办法〉的通知》(宁政规发〔2020〕7号)第十二条规定,总投资5 000万元(含)以上的项目,应当审批项目建议书、可行性研究报告和初步设计。总投资在5 000万元—1 500万元(含)的项目,或者国家相关规划以及经县级以上人民政府批准的规划中所列的项目,可直接审批可行性研究报告(代项目建议书)、初步设计,其中可行性研究报告应包含项目建设的必要性内容。对于总投资1 500万元以下的项目,或者建设内容单一、技术方案简单的项目,或者部分扩建或改建的项目,或者为应对自然灾害、事故灾难、公共卫生事件、社会安全事件等突发事件需要紧急建设的项目,可直接审批初步设计(代项目建议书、可行性研究报告),初步设计文本中应包含项目建设必要性和可行性论证内容。

(2) 可行性研究

公路建设项目可行性研究是对项目建设的必要性、技术可行性、经济合理性和实施可能性进行综合性研究论证的工作,是公路建设项目前期工作的重要组成部分,是建设项目立项、决策的主要依据。根据 2010 年 4 月交通运输部颁发的《公路建设项目可行性研究报告编制办法》规定,各类公路建设项目(含长大桥梁、隧道等独立工程建设项目)均应进行可行性研究,小型公路建设项目可适当简化。对于实行核准制或备案制的项目,其项目申请报告或资金申请报告的相关内容可参照执行。公路建设项目可行性研究的任务是:在对拟建工程地区社会、经济发展和公路网状况进行充分的调查研究、评价、预测和必要的勘察工作的基础上,对项目建议的必要性、经济合理性、技术可行性、实施可能性提出综合性研究论证报告。可行性研究按其工作阶段,可分为预可行性研究和工程可行性研究两个阶段。

编制预可行性研究报告应以项目所在地区域经济社会发展规划、交通发展规划和其他相关规划为依据,编制可行性研究报告,原则上以批准的项目建议书为依据。公路建设项目预可行性研究要求通过实地踏勘和调查,重点研究项目建设的必要性和建设时机,初步确定建设项目的通道或走廊带,并对项目的建设规模、技术标准、建设资金经济效益等进行必要的分析论证,编制研究报告,作为项目建议书的依据。

公路建设项目工程可行性研究要求进行充分的调查研究,通过必要的测量和地质勘查,对可能的建设方案从技术、经济、安全、环境等方面进行综合比选论证,研究确定项目起、终点,提出推荐方案,明确建设规模,确定技术标准,估算项目投资,分析投资效益,编制研究报告。工程可行性研究报告一经批准,即为初步设计应遵循的依据。公路建设项目工程可行性研究报告的主要内容应包括:项目影响区域经济社会及交通运输的现状与发展、交通量预测、建设的必要性、技术标准、建设条件、建设方案及规模、投资估算及资金筹措、经济评价、实施安排、土地利用评价、工程环境影响分析、节能评价、社会评价等,特殊复杂的重大项目还应进行风险分析。应在对可能的工程建设方案进行初步比选的基础上,筛选出有比较价值的方案,进一步做同等深度的技术、建设费用、经济效益比选。二级及以上公路的预可行性研究、工程可行性研究阶段的路线方案,应分别在1∶50 000、1∶10 000或更大比例尺地形图上进行研究,其中特殊困难路段需分别在1∶10 000、1∶2 000地形图上进行研究;工程可行性研究阶段应进行必要的地质勘探,对长大桥梁、隧道等控制性工程可采用遥感、物探、地质调绘等进行专项的地质勘探和调查,地质条件复杂时需进行必要的钻探分析。工程可行性研究阶段的投资估算与初步设计概算之差应控制在投资估算的10%以内。

项目工程可行性研究报告一般由交通运输主管部门根据公路发展规划和近期建设计划,通过公开招标或委托具有工程咨询资质的单位编制。工程可行性研究报告主要论证项目建设的必要性、工程方案的可行性、经济评价,通过论证后,确定工程建设标准、规模和投资估算。工程可行性研究报告中的路线方案初步确定后,工程咨询单位要提供路线具体走向和方案,由建设单位委托有资质的单位编制水土保持方案、环境影响评价报告、用地预审报告、压覆矿产资源评估报告、地质灾害评估报告、洪水影响评价报告、地震安全性评价报告、跨河方案、涉航方案和跨越铁路方案,还要开展文物调查。这些专项研究工作一般要同步开展,相互交叉,互为印证。当其中某一专项研究报告论证后需要调整工程方案时,必须及时告知其他专项研究报告的编制单位。为保证各专项研究报告与工程可行性研究报告方案一致且衔接紧密,建议在委托工程咨询单位编制工程可行性研究报告时,可明确由工程可行性研究报告编制单位负责牵头委托完成各专项研究报告的编制和论证。要强调的是,各专项研究报告的论证结论是报批工程可行性研究报告的前置条件,必须引起高度重视,提前委托开展相关工作。

目前,国、省道中的新建、改建、扩建工程,工程可行性研究报告一般报省交通运输厅审查后,出具意见报省发改委审批。对于国家高速公路网中的项目,省发改委和交通运输部出具审查意见后,由国家发改委审批。必须提交的批复文件有环评批复、用地预审批复、银行贷款承诺、行业审查意见、咨询机构评审意见等。

(3)工程设计

工程设计是对工程对象进行构思,并进行计算、验算,编制设计文件的过程。设计文件是安排建设项目、控制投资、编制招标文件、组织施工和竣工验收的重要依据。设计文件的编制必须坚持精心设计,认真贯彻国家方针政策,严格执行基本建设程序的规定。根据建设项目的性质和设计内容的不同,工程设计一般分为一阶段设计、两阶段设计和三阶段设计三种类型。

公路工程基本建设一般采用两阶段设计,即初步设计和施工图设计;对于技术简单、方案明确的小型建设项目,可采用一阶段设计,即一阶段施工图设计;技术复杂而又缺乏经验的建设项目或建设中个别路段、特殊大桥、互通式立体交叉隧道等,必要时采用三阶段设计,即初步设计、技术设计和施工图设计。

① 初步设计

初步设计应根据批准的可行性研究的要求和初测资料,拟定修建原则,选定设计方案,计算主要工程数量,提出施工方案的意见,编制设计概算,提供文字说明和图表资料。初步设计文件经审查批准后,成为国家控制建设项目投资及编制施工图设计文件或技术设计文件(采用三阶段设计时)的依据,并且为订购或准备主要材料、机具设备,安排重大科研项目,筹划征用土地及控制项目投资的依据。表2-1列出了初步设计的主要内容,供设计时参考。

表2-1 公路工程初步设计的主要内容

1. 选定路线设计方案,基本确定路线位置
2. 基本查明沿线地质、水文、气候、地震等情况
3. 基本查明沿线筑路材料的质量、储量、供应量及运输情况,并进行原材料、混合料的试验
4. 基本确定排水系统与防护工程的位置、路段长度、结构形式和尺寸
5. 基本确定路基准横断面和特殊路基横断面的设计方案及沿线路基取土、弃土方案,计算路基土方数量并进行调配
6. 基本确定路面设计方案、路面结构类型及主要尺寸
7. 基本确定特大、大、中桥桥位、设计方案、结构类型及主要尺寸
8. 基本确定小桥、涵洞、漫水桥及过水路面等的位置、结构类型及主要尺寸
9. 基本确定隧道位置、设计方案、结构类型及主要尺寸
10. 基本确定路线交叉的位置、形式、结构类型及主要尺寸;线交叉的位置、形式、结构类型及主要尺寸
11. 基本确定通道和人行天桥的位置、形式、结构类型及主要尺寸
12. 基本确定交通工程及沿线设施各项工程的位置、类型及主要尺寸
13. 基本确定环境保护的内容、措施及方案
14. 基本确定渡口码头的位置、结构形式及主要尺寸
15. 基本确定占用土地、拆迁建筑物及电力、电讯等设施的数量
16. 提出需要试验、研究的项目
17. 初步拟定施工方案
18. 计算各项工程数量

续表

| 19. 计算人工及主要材料、机具、设备的数量 |
| 20. 编制设计概算 |
| 21. 经论证确定分期修建的工程实施方案(含交通工程及沿线设施) |

② 技术设计

技术设计应根据已批准的初步设计和补充初测,对重大、复杂的技术问题通过科学试验、专题研究,加深勘探调查及分析比较,针对表 2-1 中所列的各项内容,解决初步设计中未能解决的问题,进一步落实各项技术方案,计算工程数量,提出修正的施工方案,编制修正设计概算。批准后的技术设计文件将作为施工图设计的依据。技术设计文件的内容与初步设计类似,但此时的技术方案和技术细节都已基本确定。

③ 施工图设计

一阶段施工图设计应根据批准的可行性研究和定测资料,拟定修建原则,确定设计方案和工程数量,提出文字说明和图表资料以及施工组织计划,编制施工图预算,满足审批的要求,适应施工的需要。两阶段(或三阶段)施工图设计应根据批准的初步设计(或技术设计)和定测(或补充初测)资料,进一步对所审定的修建原则、设计方案、技术决定具体和深化,最终确定工程数量,提出文字说明和适应施工需要的图表资料以及施工组织计划,编制施工图预算。

④ 设计文件组成

为了便于对设计工作进行管理(核定和审查等),避免设计文件内容的遗漏,提高工程设计质量,必须对设计文件的编制方法、编制内容、内容顺序以及格式做出严格的要求。表 2-2 是 2007 年颁发的《公路工程基本建设项目设计文件编制办法》中提出的设计文件规范篇目。初步设计和施工图设计的篇目类似,但两者的设计深度要求不同。技术设计文件的篇目可参照该表进行。

表 2-2 公路工程设计篇目

篇目	设计阶段	
	初步设计	施工图设计
第一篇	总说明	总说明
第二篇	总体设计	总体设计
第三篇	路线	路线
第四篇	路基、路面	路基、路面

续表

篇目	设计阶段	
	初步设计	施工图设计
第五篇	桥梁、涵洞	桥梁、涵洞
第六篇	隧道	隧道
第七篇	路线交叉	路线交叉
第八篇	沿线设计及其他工程	沿线设计及其他工程
第九篇	环境保护	环境保护
第十篇	筑路材料	筑路材料
第十一篇	施工方案	施工组织计划
第十二篇	工程概算	施工图预算

⑤ 列入年度基本建设计划

当建设项目的初步设计和概算经上报批准后，才能列入基本建设年度计划。建设单位按照批准的可行性研究报告和设计文件，编制本单位的年度基本建设计划，报经批准后，再编制物资、劳动、财务计划。这些计划分别经过主管机关审查考量后，作为安排生产、宏观调控物资和财政拨款或贷款的依据，并通过招标或其他方式落实施工单位、检测单位和监理单位。

⑥ 施工准备

为了保证施工的顺利进行，在施工准备阶段，建设单位、勘测设计单位、施工单位、检测单位、监理单位和银行均应在自己的职责范围内，针对施工的要求充分做好各项准备工作。建设主管部门应根据计划要求的建设进度，组建基本建设项目的专门管理机构，办理登记及拆迁，做好施工沿线有关单位和部门的协调工作，抓紧配套工程项目的落实，提供技术资料，落实材料、设备的供应。

勘测设计单位应按照技术资料供应协议，按时提供各种图纸资料，做好施工图纸的会审及移交工作。

施工招投标中中标并已签订工程承包合同的施工单位应组织机具、人员进场，进行施工测量，修筑便道及生产、生活等临时设施，建立实验室，组织材料、物资采购、加工、运输、供应、储备，做好施工图纸的接收工作，熟悉图纸的要求，编制实施性施工组织设计和施工预算，提出开工报告。

监理招投标中中标并已签订监理合同的监理单位应组织监理机构，建立监理组织体系，熟悉施工设计文件和合同文件；组织监理人员和设备进场，建立中心实验室;根据工程监理规划规定的程序和合同条款对施工单位的各项准备工作进行检查、验收、审批,合格后,签发开工令。

⑦ 检测单位准备

为确保施工质量控制的有效性,在正式施工前,检测单位应按合同要求提前进场,做好各项准备工作。检测单位需组织专业检测人员和设备,建立现场实验室,并熟悉施工图纸和技术规范。按照施工进度要求,检测单位应制定详尽的检测计划,明确各阶段的检测项目及频率,并对主要材料、设备进行进场抽检。检测单位还需配合监理单位对施工单位的准备工作进行技术审查,确保各项施工准备符合设计要求和技术标准,为后续施工过程中的质量监控提供技术支持。

⑧ 工程施工

在开工报告批准后,施工单位即可正式施工。在施工过程中,施工单位应遵照合理的施工程序,按照设计要求、施工规范及进度要求,确保工程质量,安全施工。坚持施工过程组织原则,加强施工管理,大力推广应用新技术、新工艺、新方法、新设备和新材料,努力缩短工期,降低造价,做好施工记录,建立技术档案。

⑨ 交工验收

交工验收是在工程施工完成后、竣工验收之前进行的关键环节,旨在确保工程实体质量达到设计要求并具备交付使用条件。由建设单位组织,施工、监理、检测单位共同参与,验收内容包括工程实体质量检测、技术资料核查、功能性测试等。检测单位负责对关键部位进行质量复核,确保检测结果客观准确。若发现缺陷,施工单位应及时整改并复检。验收合格后签发交工验收证书,工程正式进入保修期,以确保后续的安全稳定运行,为最终竣工验收奠定基础。

⑩ 竣工验收、交付使用

建设项目的竣工验收是基本建设全过程的最后一个程序。竣工验收是一项十分细致和严肃的工作,必须从国家和人民的利益出发,按照《建设工程质量管理条例》和《公路工程竣(交)工验收办法》的要求,认真负责地对全部基本建设工程进行总验收。竣工验收包括两部分内容:一是工程技术验收,二是工程资金决算,是对工程质量、数量、期限、生产能力、建设规模、使用条件的审查,应对建设单位和施工单位编制的固定资产移交清单、隐蔽工程说明和竣工决算等进行细致检查。当全部基本建设工程经过验收合格,完全符合设计要求后,应立即移交给生产部门正式使用。在验收过程中,对遗留问题、存在的问题要明确责任,确定处理措施和期限。

2.1.3 公路养护概述

1. 公路养护基本概念

公路养护是公路工程管理中的一项重要工作,它涉及对公路及其相关设施进行定期和系统的检查、维修和保养,以确保公路网络的持续有效运营。公路养护的基本原理不仅包括对公路本身的维护,还包括对桥梁、隧道、排水系统等公路附属结构的养护,旨在通过一系列技术和管理措施,维持和恢复公路的设计功能和安全性能。

公路养护的意义在于通过专业的技术手段和管理策略,对公路基础设施进行定期的检查、维护、修复和更新,以保证公路系统的安全、畅通和舒适。养护工作的主要目的是延长公路及其设施的服务寿命,维持公路的功能性,以及确保道路使用者的安全。公路养护的内容包括对公路表面的病害进行及时修复,确保路面平整,减少交通事故的风险,以及让驾驶员保持良好的视觉和驾驶舒适度。

2. 公路养护路面特征

公路路面结构一般由面层、基层、底基层和垫层组成。

面层是直接承受行车荷载作用及大气降水和温度变化影响的路面结构层次,并为车辆提供行驶表面,直接影响行车的安全性、舒适性和经济性。由于面层直接承受行车荷载的垂直力、水平力和冲击力的作用,同时还会受降水的侵蚀和气温变化的影响,因此,面层应具有足够的结构强度和刚度,抗变形能力,较好的水稳定性和温度稳定性,以及良好的表面特性,如抗滑性和平整度。

基层是路面结构中的主要承重层,承受由面层传来的车辆荷载的垂直力,并扩散到下面的垫层。对基层的要求是应具有足够的强度和刚度,良好的扩散应力能力,以及足够的水稳定性和平整度。

底基层设于基层以下,与面层、基层共同承担车辆荷载,是路面结构中的次要承重层。

垫层是位于底基层和土基之间的结构层次,其功能主要有两方面:一是改善土基的湿度和温度状况,以保证道路路面结构的稳定性和抗冻能力;二是将基层、底基层传导的车辆荷载应力扩散,以减小对土基的应力和变形。

公路路面的分类方法主要有两种。按照路面面层的铺装情况,路面分为有铺装路面(沥青混凝土路面和水泥混凝土路面)、简易铺装路面(沥青表面处治路面、沥青碎石路面和沥青贯入式路面)、未铺装路面(砂石路面)三种类型,各种路面面层类型及适用的公路等级如表 2-3 所示。按照路面结构的力学特征,可分为柔性路面、刚性路面和半刚性路面三种类型。

表 2-3 路面面层类型及适用范围

路面面层铺装情况	面层类型	适用范围
有铺装路面	沥青混凝土	高速公路、一级公路、二级公路、
	水泥混凝土	三级公路、四级公路
简易铺装路面	沥青表面处治	三级公路、四级公路
	沥青碎石	
	沥青贯入式	
未铺装路面	砂石路面	四级公路

在公路工程和养护中,识别和评估路面病害是确保公路安全、畅通和延长其使用寿命的关键。本节将详细介绍常见的公路病害类型及其成因,并探讨病害诊断技术。

(1) 常见公路病害类型及其成因

① 裂缝:裂缝是公路路面最常见的病害之一,按其形态和成因可以分为多种类型,包括疲劳裂缝、温度应力裂缝、反射裂缝等。疲劳裂缝通常呈现为路面上的蜘蛛网状裂纹,主要由交通荷载重复作用引起;温度应力裂缝是由于温度变化引起路面材料收缩或膨胀而形成的,通常呈直线状;反射裂缝则是因为旧路面(如旧沥青层)下的裂缝通过新铺层反射到表面而形成。一般是按照 5 mm 去划分的。5 mm 以下的裂缝一般采取直接封缝,5~12 mm 的裂缝一般采取开槽灌缝,12 mm 以上的裂缝基本属于结构性修复养护工程,甚至可能需要改扩建。图 2-4 为常见的灌缝养护现场图。

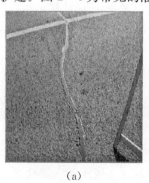
(a)

(b)

(c)

图 2-4 灌缝养护现场

② 坑槽:坑槽是指由于路面上出现的局部材料缺失形成的凹陷区域,其主

要成因包括水损伤(水渗透路面结构破坏基底材料)、交通荷载(尤其是重载车辆)以及冻融循环等。

③ 车辙:车辙是指在路面轮迹部分出现的持续性凹陷,常见于沥青路面。车辙的形成主要与交通荷载有关,尤其是在高温条件下,路面材料软化,无法抵抗重复的轮压。图 2-5 为铣刨车辙现场图。

④ 松散:松散是指路面材料失去结合力,导致表层颗粒松动或脱落,常见于沥青路面,主要成因包括材料老化、不良的施工质量或者水损伤。

⑤ 沉陷:沉陷是指路面结构因基础或基底材料压实不足、水损伤或地下空洞形成等导致的不均匀下沉,使得路面不平整,严重时会造成交通安全隐患。

图 2-5　铣刨车辙现场图

(2) 病害诊断技术

① 现场检查:现场检查是最基本也是最直接的病害诊断方法,通过视觉观察、敲击声音检测和简单测量等手段,初步评估路面的病害类型和程度。现场检查对于初步识别病害类型极为有效,但对于深层次或不明显的病害,则需要进一步的技术手段进行诊断。

② 无损检测技术:无损检测技术包括地面穿透雷达(GPR)、红外热成像、声波反射测试等,这些技术可以在不破坏路面的情况下,深入路面内部,识别裂缝、空洞、水损伤等病害。例如,GPR 可以探测到路基下方的空洞和水分集中区域,而红外热成像技术可以在早期识别路面的水损伤和裂缝。

③ 病害评估标准和方法:路面病害的评估通常依据一定的标准和方法进行,包括病害程度的分类、病害严重性的量化等。常用的评估方法包括路面损坏状况指数(PCI)、国际粗糙度指数(IRI)等,这些指标反映了路面整体或局部的功能性状况。通过这些评估标准和方法,可以对路面病害进行量化,为养护决策提供依据。

公路路面病害的诊断和评估是一个涉及多种技术和方法的综合过程。通过对病害类型的准确识别和程度的精确评估，可以制定出更有效的养护策略，以确保公路的安全、畅通和长久服务。

3. 路面使用性能

路面使用性能（Pavement Performance）的概念最早由美国国家公路与运输工作者协会（AASHTO）在 1962 年提出。随着社会经济的发展，人们对路面使用性能的要求也在不断变化。现代化科技在道路工程领域内的广泛应用，特别是高速公路的飞速发展，对路面使用功能和服务质量提出了更高的要求，使路面使用性能的内涵不断丰富完善。对道路路面使用性能的一般理解是，路面为保障公路运输车辆的安全正常行驶所应具备的能力和属性。对于高速公路路面而言，还要满足车辆在一定的使用年限内高速、安全、舒适、经济地行驶。分析研究公路路面使用性能是进行路面使用性能评价和预测的前提，也是公路路面养护管理决策的基础。根据我国公路的特点，其路面使用性能主要包括以下方面：

（1）功能性能

公路路面最基本的功能是为车辆提供高速、安全、舒适、经济行驶的表面，其功能性能反映了路面的行驶质量和服务水平（Service Ability）。路面的行驶质量体现为乘客乘坐的舒适感，与路面表面的平整特性、车辆悬挂系统的振动特性和人对振动的反应或接受能力等三方面因素有关。国内外相关研究表明，影响路面的行驶质量和服务水平的关键因素是路面平整度（Roughness）。对于公路路面而言，平整度是衡量路面使用性能最重要的因素，是从道路使用者的角度来反映路面的使用性能。

公路建成通车后，随着使用年限的增加，在车辆荷载的反复作用和环境因素的影响下，路面的平整度性能会逐渐下降，表现为影响乘车舒适性、行车速度下降、车辆损耗加快、车辆运营费用增加等。当路面行驶质量下降到一定限值时便不能满足车辆高速、舒适行驶的要求，应当采取改建或重建措施改善路面平整度，恢复路面的使用性能。

（2）结构性能

路面的结构性能是指路面结构保持完好的程度，主要反映为路面破损（Pavement Distress）状况。造成路面破损的原因是多方面的，车辆荷载、环境变化、施工养护水平等都有可能引起路面破损。我国现行的《公路沥青路面养护技术规范》《公路水泥混凝土路面养护技术规范》和《公路技术状况评定标准》中确定的公路路面破损归纳起来有裂缝或断裂类、松散类、变形类、接缝类和其他类等五大类型。新建或改建路面出现路面破损状况后,为了防止损坏加速,需要采取一定的养护措施或改建措施,路面结构性能的状况与路面的养护维修及改建工作密切相关。与平整度不同,路面破损状况是从道路路面外观的角度来反映路面的使用性能,因此指标数值与路面平整度没有直接的关系。但是,多数的路面破损现象会对车辆行驶的舒适性和安全性产生不良影响,可能导致路面的行驶质量和服务水平的下降。

(3) 结构承载力

路面的结构承载力是指路面在达到预定的损坏状况之前还能够承受的行车荷载作用次数或还能使用的年限,主要反映路面结构抵抗外部荷载及环境因素作用,保持自身状况完好的能力。对路面结构承载力评价最常见的方法是进行路面弯沉(Pavement Deflection)检测,根据弯沉值的大小确定路面的使用寿命。

路面结构承载力是从道路工程和力学的角度来反映路面的使用性能,而路面弯沉检测多用于项目级路面管理系统。对网级路面管理系统而言,一般不需要进行路面结构承载力测试。路面结构承载力是道路正常使用的最基本条件,研究表明,路面结构承载力与路面破损状况有着较为密切的联系。在道路使用期间,路面破损状况的发展通常都与路面结构承载力的下降是同步的,承载能力弱的道路,其路面破损状况往往发展比较迅速,承载能力接近极限时,路面破损状况最为严重。

(4) 安全性能

路面的安全性能主要是路面的抗滑能力(Skid Resistance)。为了保证安全行车,路面应在车辆制动时提供足够的摩擦力,使车辆在一定距离内停下。在路面湿润或车辙深度超过 13 mm 的情况下,路面抗滑能力不足,高速行驶的车辆容易产生漂滑、水漂等现象,导致交通事故。路面的抗滑能力通过测定道路表面的摩擦系数来确定。提供路面抗滑能力的基本因素如下:一是路面集料表面的纹理或粗糙度;二是车辆轮胎与路面的附着程度。同时,路面的抗滑能力有一定的季节和时间变化特性。一般来说,炎热潮湿的夏季路面的抗滑能力较弱,而在降雨过程中,路面由干变湿的初期抗滑能力最弱,此后渐强趋于稳定,随着降雨结束路面由湿变干,抗滑能力显著增强。

(5) 外观性能

路面的外观性能主要是路面的外观给道路使用者的视觉印象,包括反光和炫目、夜晚能见度、表面结构和颜色等因素。随着道路、桥梁、隧道等交通运输设施的设计逐渐融入现代美学,路面美观也是道路设计者所追求的重要目标。

综合分析道路路面的功能性能、结构性能、结构承载力、安全性能等可以得出路面使用性能随时间的发展变化趋势,如图 2-6 所示。

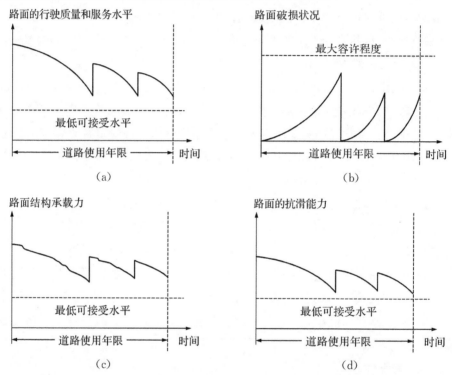

图 2-6 路面使用性能随时间的发展变化趋势

4. 公路养护管理

公路养护管理是为保持公路经常处于完好状态,防止其使用性能下降,并向公路使用者提供良好的服务所进行的作业,主要指公路建成投入使用后所进行的养护作业管理。公路养护管理的目的是充分保证公路网的完好畅通,保障公路的使用功能,不断提高服务质量和水平,发挥公路基础设施在国民经济发展中的作用。目前,我国的公路养护按其工程规模大小、技术难易程度和病害处治特征划分为日常养护和养护工程两大类。根据交通运输部发布的《公路养护工程管理办法》(交公路发〔2018〕33 号),养护工程分为预防养护、修复养护、

专项养护和应急养护工程。公路养护管理工作展现了一系列关键特征,这些特征塑造了其运营模式和治理策略。以下是其主要特点:

(1) 持续性与长期性

公路养护是一项不间断的任务,必须日常巡查、经常检查、定期检查、专项检查、应急检查、维护和升级,以维持公路的最优性能并保障行车安全,这一过程的持续性意味着养护管理工作是一项长期的使命,需要持续的资源投入和关注。

(2) 多样性与复杂性

公路网络由多种类别的道路构成,如高速公路、城市道路等,它们各自需要特定的养护方法。养护工作覆盖了从路面修复到桥梁安全检查的广泛领域,每个领域都带来了独特的技术挑战。

(3) 环境敏感性

公路养护工作受到自然环境的显著影响,包括气候变化、地理条件和交通流量等,这些环境因素对公路的耐久性和维护需求产生直接影响。

(4) 高安全标准

确保道路使用者的安全是公路养护的核心目标。因此,养护活动必须遵循严格的安全规范,采取措施对交通的干扰最小化,并保障施工现场的安全。

(5) 资源配置

有效的公路养护管理需要在有限的资源中做出明智的分配决策,包括资金、人力资源和物资。管理者必须确定哪些维护任务最为紧急,以及如何在不同的项目和地区间平衡资源。

(6) 技术创新

随着技术的进步,公路养护领域不断引入创新工具和方法,例如利用高级监测设备和采用新型材料,以提升养护作业的效率和质量。

路面工程是公路工程最主要的部分,其质量直接影响路面使用性能。因此路面养护管理是公路养护管理中重要的一项工作。从养护策略上讲,路面养护工程有预防养护工程、修复养护工程、专项养护工程和应急养护工程四类。预防养护工程(Preventive Maintenance Engineering)的频率最高,泛指带有保护路面,防止病害进一步扩展,以延缓路面使用性能恶化速率及以延长路面使用寿命为目的的养护作业,通常用于没有发生损坏或仅有轻微缺陷和病害迹象的路面;修复养护工程(Rehabilitative Maintenance Engineering)是在路面使用性能的某项指标显著下降,如不采取措施路面性能将迅速恶化的情况下,进行的被动性养护,如加铺、修复等;专项养护工程(Special Maintenance Engineering)是为提升或恢复公路基础设施服务功能而集中实施的完善增设、加周改造、拆除重建或灾后恢复等工程;而应急养护工程(Emergency Maintenance Engineering)则是因突发事件造成公路基础设施损毁、交通中断或产生重大安全隐患时,为较快恢复安全通行而实施的应急性抢通、保通和抢修等工程。

公路养护管理是涉及多方面知识和技术的综合性工作,其目的在于通过科学的管理和技术手段,确保公路资产的长期有效利用,同时保障道路使用者的安全和舒适。公路养护管理包含了养护计划的制订、养护活动的执行、养护效果的评估以及养护策略的持续优化等多个环节。

2.1.4　公路建设与养护资金分配原理

公路建设与养护是两个密切相关且复杂的工程项目,涉及大量资源和资金的合理调配,因此,科学的资金分配至关重要。为了确保公路系统的长期安全、高效运行,需对公路建设与养护资金的分配进行全面规划与精细管理。

1. 需求评估与优先级确定

无论是公路建设还是养护,第一步都是进行全面的需求评估。这一过程包括交通量分析、道路状况评估、经济效益分析以及环境影响评估。在交通量分析中,研究现有道路的交通流量并预测未来的需求,以确保新建或改造的公路项目能够满足未来的使用需求。对于道路状况的评估,重点在于检查现有公路的路面质量、安全性以及维护需求,确保优先修复急需改善的路段。经济效益分析则主要评估项目对区域经济发展的潜在影响,确保资金能够带来可观的回报。环境影响评估同样不可忽视,需考虑公路建设对生态系统、噪声污染和空气质量的影响,以保证项目在不破坏环境的前提下进行。

基于这些评估结果,合理确定各个公路建设和养护项目的优先级。优先级的确定通常依据安全性、经济效益、交通需求和社会影响等多个标准。对于公路建设,优先考虑可以显著提高交通安全、促进经济发展的项目;而在公路养护方面,则应优先养护已经出现严重安全隐患的路段,以减少事故发生的风险。对于交通需求较大的公路,特别是在高峰时期承载能力接近极限的路段,无论是建设还是养护,都应得到优先资金支持。此外,还需考虑公路建设和养护对社会整体福祉的影响,尤其是改善贫困地区的交通条件,促进社会公平。

2. 资金来源与分配模型

公路建设与养护的资金来源多种多样,主要包括政府拨款、专项基金、收费公路收入和公共私营合作(PPP)等。政府拨款和专项基金通常来自中央或地方政府的财政预算,是最为重要的资金来源。这些资金的拨付往往会受到国家和地方发展战略的影响,优先支持能够带动区域经济发展的公路项目。收费公路收入是另一项重要的资金来源,通过收取公路使用费(如过路费)来筹集资金,确保公路建设和维护的持续资金投入。公共私营合作(PPP)模式通过与私营企业合作,共同分担资金压力,既可以减轻政府的财政负担,又能够引入私营部门的管理经验和创新能力,提高资金使用的效率。

资金分配模型是资金合理分配的关键。常用的模型包括成本效益分析、多标准决策分析(MCDA)、线性规划和层次分析法(AHP)等。成本效益分析通常用于比较各项目的成本和预期效益,选择效益最大的项目优先投资。多标准决策分析(MCDA)则是综合考虑经济、社会、环境等多个因素,确保资金分配的科学性和合理性。线性规划通过数学模型优化资金分配,使整体效益最大化。层次分析法(AHP)则通过专家意见和数据分析,层层筛选,确定最佳的分配方案。这些模型的合理应用,可以确保资源得到最优配置,从而最大限度地发挥资金的经济和社会效益。

3. 资金管理与监督

在资金分配后,建立严格的资金管理和监督机制至关重要。资金管理主要包括预算控制、定期审计、进度监控和绩效评估。预算控制的目的是严格控制项目预算,防止超支和资金浪费。定期审计则用于对资金使用情况进行审查,发现并纠正资金使用过程中的问题,确保资金使用的合法性和规范性。进度监控是实时跟踪项目的进展,确保各项工作按计划推进,防止工期拖延和资源浪费。绩效评估则是通过定期评估项目的实际绩效,确保项目达到了预期的目标,并根据评估结果,及时调整和优化后续的资金分配和项目计划。

4. 动态调整与应急预案

在公路建设与养护过程中,不可避免地会遇到一些不可预见的情况,如自然灾害、经济形势变化或社会需求的突发变化。因此,必须为突发情况预留应急资金,并制定灵活的动态调整机制。在应急预案中,预留的应急资金能够确保在突发事件发生时,公路建设和养护工作能够得到及时的资金支持,减少对整体项目进度的影响。动态调整机制则根据实际情况的变化,灵活调整资金分配计划,以确保资金能够用于最需要的地方。此外,建立反馈机制,通过定期收集和分析项目执行过程中的数据和意见,及时优化资金分配策略,进一步提高资金使用的有效性和针对性。

总的来说，公路建设与养护资金分配是一项复杂而系统的工作，必须综合考虑多方面因素，并采用科学合理的分配模型和严格的管理监督机制。通过这种方式，可以确保公路建设与养护资金的高效使用，最大限度地发挥其经济和社会效益，实现公路系统的安全、畅通和可持续发展。

2.2　公路建养融资模式

2.2.1　PPP 模式

1. PPP 模式概念

PPP 模式（Public-Private-Partnership），直译为"公私合伙制"，是指公共部门通过与社会资本建立伙伴关系来提供公共产品或服务的一种方式，是政府为增强公共产品和服务供给能力、提高供给效率，通过特许经营、购买服务、股权合作等方式，与社会资本建立利益共享、风险分担及长期合作的关系。

PPP 模式将部分政府责任以特许经营权的方式转移给社会主体（企业），政府与社会主体建立起"利益共享、风险共担、全程合作"的共同体关系，政府的财政负担减轻，社会主体的投资风险减小。PPP 模式适用于政府负有责任又适宜市场化运作的公共服务、基础设施类项目，包括燃气、供电、供水、供热、污水及垃圾处理等公用市政设施，以及公路、铁路、机场、城市轨道等交通基础设施，旅游、医疗、教育、健康等公共服务项目等，项目类型包括新建、改扩建和存量公共资产等。

PPP 模式有狭义定义和广义定义之分，如图 2-7 所示。广义的 PPP 泛指公共部门与私营部门为提供公共产品或服务而建立的各种合作关系，可以分为外包（Outsourcing）、特许经营（Concession）、私有化（Divestiture）三大类。而狭义的 PPP 可以理解为一系列项目融资模式的总称，包含建设—经营—转让（Build-Operate-Transfer，BOT）、私营融资活动（Private Finance Initiative，PFI）、收费—运营—移交（Toll-Operate-Transfer，TOT）、设计—建设—融资—运营（Design-Build-Finance-Operate，DBFO）等多种模式。狭义的 PPP 更加强调合作过程中的风险分担机制和项目的物有所值原则（Value for Money，VFM）。

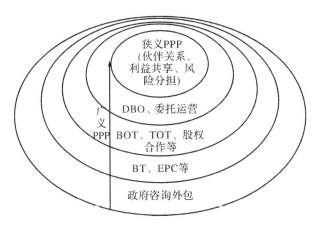

图 2-7　PPP 模式定义示意图

（1）BOT 模式概念

BOT 是一种典型的特许经营项目融资模式。关于其定义，不同的机构略有不同。世界银行：政府给某些公司新项目建设的特许权，私营合伙人或某国际财团愿意自己融资、建设某项基础设施，并在一定时期内经营该设施，然后将此设施交给政府部门或其他公共机构。亚洲开发银行：项目公司计划、筹资和建设基础设施项目，经所在国政府特许在一定时间经营项目，特许期到期后，项目资产所有权移交给国家。国家发改委：指政府部门通过特许权协议，在规定的时间内，将项目授予外商或民企为特许权项目成立项目公司，由项目公司负责项目的投融资、建设、运营和维护，特许期满后项目公司将特许项目无偿移交给政府部门。

BOT 模式的主要优点包括：降低政府的财政负担，使政府可以避免大量的项目风险；组织机构简单，政府部门和私营企业协调容易；项目回报率明确，严格按照中标价实施，政府和私营企业之间的利益纠纷少，有利于提高项目的运作效率；若 BOT 项目由外国的公司来承包，会给项目所在国带来先进的技术和管理经验，即给本国的承包商带来较多的发展机会，促进国际经济的融合。

BOT 模式的主要缺点包括：公共部门和私营企业往往都需要经过一个长期的调查了解、谈判和磋商过程，以至于项目前期过长，使投标费用过高；投资方和贷款人风险过大，没有退路，使融资举步维艰；参与项目各方存在某些利益冲突，对融资造成障碍；机制不灵活，可能降低私营企业引进先进技术和管理经验的积极性；在特许期内，政府可能会对项目减弱甚至失去控制权。

总的来说，BOT 实质上是基础设施投资、建设和经营的一种方式，以政府和私营机构之间达成协议为前提,由政府向私营机构颁布特许,允许其在一定时期内筹集资金建设基础设施并管理和经营该设施及其相应的产品与服务,特许期满后将移交给政府。

(2) PFI模式概念

PFI在我国也被译为"民间主动融资",是英国政府在20世纪90年代初推出的一种PPP形式,旨在吸引私营部门为公共基础设施项目提供资金,并承担项目的设计、建设、运营和维护工作。

PFI是对BOT项目融资的优化,指政府部门根据社会对基础设施的需求,提出需要建设的项目,通过招投标,由获得特许权的私营部门进行公共基础设施项目的建设与运营,并在特许期(通常为30年左右)结束时将所经营的项目完好地、无债务地归还政府,而私营部门则从政府部门或接受服务方收取费用以回收成本的项目融资方式。

虽然PFI来源于BOT,涉及项目的"建设—经营—转让"问题,但作为一种独立的融资方式,与BOT相比具有以下几个特点:

① 项目主体单一。PFI的项目主体通常为本国私营企业的组合,体现出私营资金的力量。而BOT模式的项目主体则为非政府机构,既可以是本国私营企业,也可以是外国公司,所以,PFI模式的项目主体较BOT模式单一。

② 项目管理方式开放。PFI模式对项目实施开放式管理。首先,对于项目建设方案政府部门仅根据社会需求提出若干备选方案,最终方案则在谈判过程中通过与私营企业协商确定;BOT模式则事先由政府确定方案,再进行招标谈判。其次,对于项目所在地的土地提供方式及以后的运营收益分配或政府补贴额度等,都要综合当时政府和私营企业的财力、预计的项目效益及合同期限等多种因素而定,不同于BOT模式对这些问题事先都有框架性的文件规定,如土地在BOT模式中是由政府无偿提供的,无须谈判,而在PFI模式中,一般都需要政府对最低收益等做出实质性的担保。所以,PFI模式比BOT模式有更大的灵活性。

③ 实行全面的代理制。PFI模式实行全面的代理制,这也是与BOT模式的不同之处。作为项目开发主体,BOT公司通常自身就具有开发能力,仅把调查和设计等前期工作和建设、运营中的部分工作委托给有关的专业机构;而PFI公司通常自身并不具有开发能力,在项目开发过程中,广泛地应用各种代理关系,而且这些代理关系通常在投标书和合同中加以明确,以确保项目开发安全。

④ 合同期满后项目运营权的处理方式灵活。PFI 模式在合同期满后,如果私营企业通过正常经营未达到合同规定的收益,则可以继续拥有或通过续租的方式获得运营权,这是在前期合同谈判中需要明确的;而 BOT 模式则明确规定,在特许权期满后,所建资产将无偿地交给政府拥有和管理。

2. PPP 模式融资特点

PPP 模式的主要优点有:

(1) 消除费用的超支

在初始阶段私营企业与政府共同参与项目的识别、可行性研究设计和融资等项目过程,保证了项目在技术和经济上的可行性,缩短了前期工作周期,使项目费用降低。PPP 模式只有当项目已经完成并得到政府批准使用后,私营部门才能开始获得收益,因此 PPP 模式有利于提高效率和降低工程造价,降低项目完工风险和资金风险。

(2) 有利于转换政府职能,减轻财政负担

PPP 模式可以使政府可以从繁重的事务中脱身出来,从过去的基础设施公共服务的提供者变成一个监管的角色,从而保证质量,也可以在财政预算方面减轻政府压力。

(3) 促进投资主体的多元化

利用私营部门来提供资产和服务,能为政府部门提供更多的资金和技能,促进投融资体制改革。同时,私营部门参与项目还能推动在项目设计施工、设施管理过程等方面的革新,提高工作效率,传播最佳管理理念和经验。

(4) 政民携手共服务

政府部门和私营部门可以取长补短,发挥政府公共机构和私营机构各自的优势,弥补对方身上的不足。双方可以形成互利的长期目标,以最有效的成本为公众提供高质量的服务。

(5) 协调各方利益

使项目参与各方整合组成战略联盟,对协调各方不同的利益目标起关键作用。

(6) 风险分配合理

与 BOT 等模式不同,PPP 在项目初期就可以实现风险分配,同时由于政府分担一部分风险,使风险分配更合理,减少了承建商与投资商风险,从而降低了融资难度,提高了项目融资成功的可能性。政府在分担风险的同时也拥有一定

的控制权。

3. 公路建养融资模式案例分析

M高速公路项目位于Y省省会城市的东部,是《国家公路网规划》中规划建设的G85高速公路中的一段。项目全程56.89 km,初步设计概算金额为74.75亿元,采用双向六车道设计标准施工,路基设计宽度为33.5 m,设计速度为100 km/h。M高速公路项目中一共将修建互通式立交桥6座,按单幅计的特大桥共有6座(14.03 km),大桥共有40座(14.2 km),隧道2座(3.59 km)。此外,设置一个综合服务区和一个停车区。

M高速公路项目投资金额大,每公里设计概算约为1.31亿元,这笔建设资金Y省政府不能完全承担,为此Y省政府考虑采用PPP模式引入社会资本。经考察,引入Z集团投资建设M高速公路,主要基于以下考虑:一是有利于充实项目资本金。二是将使地方政府的角色发生变化,使政府及其公共部门不但要提供高速公路这种公共产品,还要对公共产品的各个环节进行监督和管理,确保高速公路建设项目的质量,为社会和民众提供更好的公共服务。三是有利于降低管理成本。四是实现Y省和Z集团共担风险,共享利益,合作共赢。在PPP融资模式下,Y省政府和Z集团签订契约,地方政府可得到M高速公路项目的资金,而Z集团可以获取项目运营产生的利润,合作双方都能获取利益。五是有助于确定合理的风险分担结构。M高速公路投资大,建设周期长,其中有许多不确定因素,存在着较大风险。双方通过PPP合作模式,将项目风险分配给最适合承担的一方,确保Y省政府各部门及Z集团各自应承担的风险、所能获得的收益和合作伙伴关系的延续。项目实施共经过了四个阶段:

第一阶段,意向谈判阶段。Y省交通运输厅根据M高速公路工程可行性研究报告中的数据,对其进行评价,并向Z集团提供评价结论。合作双方的评估咨询单位根据高速公路工程的可行性研究报告,统一测算边界条件和模式。其中:边界条件包括项目投资、利润、财务基准收益率、费率标准、借款利率、交通量预测等参数指标,通过多次测算,由Y省向Z集团提供评价结论。

第二阶段,统一模式,对项目进行评估。由于第一阶段双方的评估咨询单位测算的边界条件、模式未统一,评估结论不能对比,为此经双方领导沟通,要求双方的评估单位均取最新的基础数据、统一测算模式。起初双方各自的评估单位对项目评估存在一定差异,导致这种差异出现的主要原因是:① 交通量的估算差异。Z集团将M高速公路的车流量做了大幅度下调,在初始年份下调了

28.93%。②项目投资财务基准收益率的差异。Y省采用的是7%,Z集团采用的是9%。在经过多轮协商和谈判后,Z集团提出了新的思路,即M高速公路由Z集团负责投资、建设和管理,在项目有收益后再逐步归还。Y省提出,双方要找出项目平衡点,先行确定补助金额,待将来高速公路联网收费的数据测算达不到预期收益再行谈判。在双方高层会谈后,经省政府授权,双方签订了合作建设M高速公路意向书。至此,双方达成共识,一致同意采用"BOT+EPC(Engineering Procurement Construction,设计采购施工)+地方政府补贴"的PPP融资模式来合作共建Y省M高速公路。

第三阶段,签订相关协议书。双方达成共识后,Y省交通运输厅代表Y省政府同Z集团签订了合作建设M高速公路的意向书。在此基础上,Y省交通运输厅报经省政府常务会议原则通过,明确按照"BOT+EPC+地方政府补贴"的投资模式建设M高速公路项目。同时,Z集团提出了在具体实施方案中应明确运营期补偿条件、补助确定方法、补助确认机制和其他合理诉求等事项。双方签订合作协议书,协议书确定了在建设期M高速公路建设资金由Z集团负责筹集,同时由Z集团负责建设、经营和管理;监理工作由Y省交通运输厅成立监管办公室负责;明确根据项目运营期M高速公路车流量情况,Y省政府给予一定补贴,但在项目有收益时,应按照股份比例进行分红。

第四阶段,签署特许经营权协议及股东合作协议。在合作建设M高速公路的协议书签订后,Y省交通运输厅和Z集团就特许经营权协议又经过多次协商,在征求省级相关部门意见并报请省政府同意后,正式签订特许经营权协议和股东合作协议。达成合作后,进一步明确了以下内容:合作经营期为30年,不含建设期;"肥瘦搭配、整体打包、合作建设";建设期,项目资金由Z集团自行筹集;运营期,对M高速公路的交通量实行差额补贴。

2.2.2 GFSI模式

1. GFSI模式概念

绿色金融和可持续投资(Green Finance and Sustainable Investment,GFSI)是一种新兴的基础设施投资模式,旨在通过引入关注环保和可持续发展的投资者,为公路建养项目提供符合环保标准的资金支持。这些项目需要采用低碳技术、绿色建材和可持续的运营管理措施,以满足绿色金融的要求。例如,使用再生材料和可再生能源,不仅可以减少对环境的影响,还可以吸引更多的绿色投资基金和社会责任投资者,从而拓宽融资渠道。

2. GFSI 模式优缺点

（1）优点

GFSI 模式能够促进环境友好型技术和材料的使用，有利于环境保护和可持续发展。此外，这种融资方式可以吸引关注社会责任和可持续发展的投资者，拓宽资金来源。由于绿色金融项目通常受到社会和公众的高度关注和支持，因此也能提升项目的社会认可度和形象。通过绿色金融项目，政府和企业还可以获得更多的政策支持和补贴，进一步降低项目成本。

（2）缺点

绿色技术和材料的使用可能增加项目的初期投资成本，这对项目的财务规划提出了更高的要求。此外，绿色金融需要满足严格的环保标准和合规要求，增加了项目管理的复杂性和成本。不确定的经济回报也是一个挑战，特别是在技术创新和市场接受度尚未完全成熟的情况下，投资者可能面临较大的风险。此外，由于绿色金融的市场仍在发展，投资者的选择和灵活性可能会受到限制。

2.2.3 PISC 模式

1. PISC 模式概念

公益投资者和社会资本（Philanthropic Investor and Social Capital，PISC）是一种通过引入关注社会效益的投资者和社会资本，为公路建养项目提供资金支持的模式。这类投资者通常关注项目的社会效益，如改善交通安全、提升社区福祉和促进地区经济发展，而不仅仅是经济回报。通过与非营利组织和社区团体合作，可以增加项目的社会认同度和支持力度，增强项目的可持续性。

2. PISC 模式优缺点

（1）优点

PISC 模式能够显著提升项目的社会效益。例如，通过改善社区基础设施和促进地方经济发展，项目可以获得更广泛的社会支持和认可。此外，这种融资方式能够使资金来源多样化，吸引非传统投资者（如非营利组织和社会资本），从而增强项目的财务稳定性。社会效益的提升还可以增强项目的长期可持续性和社会责任感。通过与公益组织和社区的合作，项目还可以获得更多的志愿者支持和社区参与，进一步降低项目成本。

（2）缺点

公益投资者和社会资本通常对项目的经济回报要求较低，但对社会效益的要求较高,这可能增加项目管理的复杂性。为了协调各方利益和需求,需要建立复杂的合作机制,增加了项目的管理成本和难度。此外,为了实现社会效益目标,项目可能需要增加投入,导致整体成本上升,进而影响经济效益。由于公益投资者和社会资本的目标和优先级可能与传统投资者不同,项目在决策和实施过程中需要更加灵活和包容。

2.2.4 AS模式

1. AS模式概念

资产证券化(Asset Securitization,AS)是一种将长期的基础设施投资转化为可交易的金融产品,从而吸引更多市场参与者的融资模式。这种方式增加了资金的流动性,降低了项目的融资风险,提高了资金使用效率。通过将公路建设项目的未来收入,如通行费和附属商业开发收益打包成证券出售给投资者,可以迅速筹集到所需的资金。

2. AS模式优缺点

(1) 优点

AS模式能够显著提高资金的流动性,使长期投资变得更加灵活和可交易,有利于吸引更多的市场参与者。通过将风险分散给多个投资者,可以降低单个投资者的风险,提高融资的稳定性。资产证券化还可以通过证券市场筹集到大量资金,为大型基础设施项目提供充足的资金支持,提高资金使用效率和项目执行力。通过资产证券化,项目还可以实现更好的风险管理和资金规划,提高财务的透明度和稳定性。

(2) 缺点

资产证券化的结构设计复杂,需要高水平的金融专业知识和技术支持,这增加了项目的管理难度和成本。证券市场的波动可能影响融资的稳定性和成本,增加项目的财务风险。资产证券化涉及的法律、审计和发行费用较高,整体融资成本较高,对项目的经济效益提出了更高的要求。由于资产证券化的复杂性,项目团队需要花费大量时间和资源进行规划和执行,可能会延长融资和实施的时间。

2.3 建养成本控制与资金分配研究综述

2.3.1 公路建设成本控制与资金分配

公路建设项目作为基础设施建设的重要组成部分,对促进区域经济发展和社会进步起着至关重要的作用。然而，公路建设不仅需要巨额的资金投入，还面临着成本控制和资金分配的重大挑战。如何有效控制公路建设成本，合理分配资金，以保证项目的顺利实施和经济效益的最大化，成为学界和业界关注的焦点。近年来，众多学者对公路建设成本控制和资金分配进行了深入研究，提出了一系列创新性的观点和建议。胡方俊、邹光华指出在国家财政金融和税费改革的新形势下交通建设面临的有利和不利条件，应该采取拓宽融资途径、盘活存量资产、提高融资效率以及对收费还贷政策进行修正的措施。结合高速公路建设项目在建设全过程中，存在的资金支付手续不齐全、资金协议执行不力、资金支出控制不严、资金管理风险薄弱、资金违规使用、资金计划执行率低等问题，黎春春提出了加快资金结算资料回收、加强合同管理、严格控制资金拨付、严格资金监管以保障资金使用合规、加强资金预算管理和控制等建议。陈汉文和周中胜针对公司的内部控制效果好坏与公司的融资成本高低的关系问题进行了探究，指出了内部控制产生的经济后果对公司而言至关重要，提出应该重视公司内部控制的建设。陈芳认为高速公路建设项目因施工环境复杂、投资金额大、时间长等特点，需要采用能够满足当前多元化融资趋势要求的融资租赁方式。崔恒耀指出了我国高速公路建设项目在资金管理中存在的问题，提出了应该改变高速公路建设项目融资架构、实施全面预算审查、提高资金管理人员的素质等建议。

公路建设成本控制和资金分配问题的研究不仅对提高公路项目的经济效益具有重要意义，而且对于优化资源配置、推动交通基础设施的可持续发展具有深远的影响。从提高融资效率到加强资金管理，再到优化资金分配策略，学者们提出的多种策略为在面对国家财政金融和税费改革的新形势下，有效应对公路建设项目中的资金挑战提供了宝贵的参考。未来随着经济社会的不断发展和科技的进步，公路建设成本控制和资金分配策略也需不断创新和适应新的变化，以实现公路建设的高效、高质和可持续发展。

2.3.2 公路养护成本控制与资金分配

在交通基础设施，尤其是公路系统的管理与维护中，养护资金的优化分配始终是一个关键议题。随着全球各国经济发展水平的提升和对可持续交通系统需求的增长，有效的资金管理和成本控制策略变得尤为重要。国际上关于公路养护资金优化分配的研究起步较早，涌现出许多具有里程碑意义的理论和实践成果，为公路养护管理提供了科学的决策支持。从 20 世纪 70 年代美国的先行探索开始,到后续其他国家和地区的深入研究,国际学界在公路养护资金的优化分配方面取得了丰富的研究成果。这些研究不仅为公路养护资金的有效管理提供了理论基础,还为国内相关研究的发展提供了宝贵的经验和启示。

1. 国外文献方面

国外对于养护资金的优化分配研究起步较早,最早于20世纪70年代在美国开始出现。早期的优化方法主要采用马尔科夫决策过程。Golabi等人在美国亚利桑那州路面管理系统中建立了基于马尔科夫决策过程的线性规划优化模型,在这之后,Petts和Brooks指出建造、养护、管理寿命周期成本都归结到公路建设管理及养护中,由此形成道路养护管理模型。Smilowitz、Kuhn、Madanat等人先后根据不同的场景建立了基于马尔科夫决策过程的养护资金线性规划优化分配模型。Kumares等人基于美国2000—2008年高速公路养护费用与路面状况相关指标数据,并对两者关系展开详细研究分析,从而构建出养护成本计算模型。Samantha针对高速公路桥梁养护成本较大的特点,建议采取贯彻纠查、加大检查力度以及定期养护维修等手段,以期将桥梁断裂、坑槽可能性降至最低,实现成本控制效果。Dawood等人在2022年提出了综合的建设项目成本控制数学模型,引入详细的成本差异,以确定与预算的偏差,并且使用GIS技术以可视化建设项目成本控制,使项目决策者易于跟踪。Zhou等人为了提高绿色建筑预算的准确性和项目成本的控制,应用交互式虚拟现实(VR)遗传算法对项目预算进行了相应的分析。基于数学分析模型,有效地提高了预测精度,提高绿色建筑的成本控制效率和工程质量,降低建筑的施工成本。

2. 国内文献方面

国内方面,赵红月系统分析了云南省六条典型公路,提出了公路养护费用评价指标和综合评价体系,精细验证了养护工程全寿命周期费用模型和效益模型的应用效果,建立了全寿命周期的费用控制系统。朱合利等人借鉴解释结构模型(ISM)和影响因素的多级递阶结构模型,探讨了影响高速公路养护成本的诸多因素,结论表明:基础因素和关键因素是决定养护成本预测是否准确的决定性因素。刘钟敏、李端生通过制定标准作业成本、据实核算实际作业成本、阐述成本差异等流程,将作业成本法和标准成本法有机结合,最终通过实例证实其可行性。向红艳和徐莲怡以某高速公路日常养护成本的数据为实例,分析了高速公路的养护成本的构成和变化规律,对成本历史数据进行数据关联性和特性分析,构建了分子阶数和迭代过程,提高了成本的预测精度。

综上所述,公路养护资金优化分配方面的研究已经取得了显著进展。通过引入高度复杂的数学模型、GIS技术、虚拟现实等现代技术手段,学者们不断提高养护资金分配的效率和精确度,为公路系统的可持续管理与发展提供了坚实的科学依据。这些研究成果不仅促进了公路养护管理的理论创新,还为实际操作提供了有效的方法论指导。面对日益增长的公路养护需求和经济效益的双重挑战,未来的研究需要进一步探索更为灵活高效、经济环保的养护资金优化分配方案,以促进公路基础设施的健康、持久发展。

2.3.3 综述总结

交通基础设施的建设和优化能够提高资源配置效率,促进市场活力,影响消费行为,从而推动经济发展。然而,也有研究指出在某些地区交通基础设施的建设可能已经达到饱和状态,对经济增长的贡献边际递减。在公路建设和养护成本控制方面,研究集中于资金筹集渠道、融资模式、成本管理以及资金分配策略的优化。通过深入分析不同融资方式的优缺点,学者们提出了拓宽融资途径、提高融资效率以及对收费还贷政策进行修正的建议,以应对国家财政金融和税费改革的新形势。同时,关注于公路项目的融资模式、融资管理机制的研究,提出了加强资金管理、确保资金使用合规性以及提高资金管理人员素质等对策建议,以解决资金管理中的问题。此外,研究还涉及如何通过科学的成本管理体系和政策改革,例如实行"管养分离"政策,以提高公路养护的效率和可持续性,从而有效降低养护成本并保持路网运行的良好状态。

但是现有文献专门针对基于路面技术状况评价的公路建养项目资金预算管理的成果较少,与提高资金使用效率的时代要求不相匹配。有必要对相关内容进行针对性研究。

第三章

路面技术状况评价方法和资金预算管理策略

3.1 公路路面技术状况评价方法

路面性能既是路面设施技术状况的综合反应,又直接影响道路交通的舒适性和安全性。路面使用性能是路面变化的外观表现,采用科学、合理的指标定量表征路面的使用性能,是路面养护决策各项工作开展的基础。相关研究采用交通量、路面技术状况各项指标建立路面综合评价模型,对路面性能进行科学、准确的评价,对于提高路面服务质量,进行路面养护维修决策具有重要作用。国内外关于公路路面技术状况检测与评价的研究主要集中在以下三个方面:一是以降本增效为目标的多样化数据采集方法的研究;二是图像识别和机器学习技术在路面病害识别和分类方面的应用研究;三是基于路面技术状况的养护需求分析和资金优化分配方法的研究。

近年来,国内外学者围绕公路路面技术状况检测与评价开展了多方面的研究。为降低路况检测成本,Aydin 等人研发了一种使用智能手机加速度传感器和全球定位系统(GPS)进行路面平整度状况监测的解决方案,通过实际道路检测数据,验证了在坑洞和减速带影响下准确评估道路平整情况的可行性。一些地区尝试利用配备摄像头模块的无人机(Unmanned Aerial Vehicle,UAV)进行路面病害信息采集。Ersoz 等人开发了一种基于无人机的路面裂缝识别系统,通过无人机拍摄图像获取水泥路面的裂缝特征,用于训练支持向量机(Support Vector Machine,SVM)模型,并通过温差变化较大路段的水泥混凝土路面对模型进行了验证,为监测水泥混凝土路面裂缝的变化提供了替代方案。近年来,图像识别和机器学习等技术广泛应用于路面病害检测和识别。Zakeri 等人针对裂缝病害的图像识别,系统梳理并总结出需要开展的五个阶段工作,即图像的预处理、分割、特征提取、特征选择、检测和分类,对不同算法加以优化以提升病害识别的准确性和运行速度是研究的重点。为有效指导养护管理工作,基于路面技术状况指标的养护需求和优化方法也是重点研究方向。郑育彬等人基于路面使用性能提出了路面资产管理的通用框架,建立了路面养护修复需求评估优化模型,并以美国宾夕法尼亚州州际公路系统为例,分析了不同投资水平下路面养护和修复的结果,为公路管理部门提供了决策参考。

3.1.1 路面技术状况评价概述

根据《公路技术状况评定标准》(JTG 5210—2018),公路路面状况评价指标中的单项评价指标包括结构性能指标、功能性能指标、结构承载能力指标、安全性能指标以及车辙性能指标,分别用来评价路面破损状况、平整度、结构强度、抗滑性能以及车辙性能,如图 3-1 和图 3-2 所示。使用性能综合评价指标是各分项指标的算数加权和,各分项指标权重如表 3-1 所示。各指标值域均为 0~100,分为优、良、中、次、差五个等级,具体划分如表 3-2 所示。其中,$w_{PQI} = w_{PCI} + w_{RQI} + w_{RDI} + w_{PBI} + w_{PWI} + w_{SRI} + w_{PSSI}$。

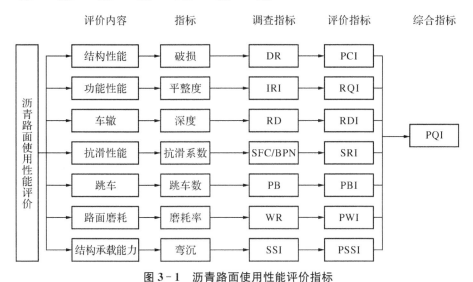

图 3-1 沥青路面使用性能评价指标

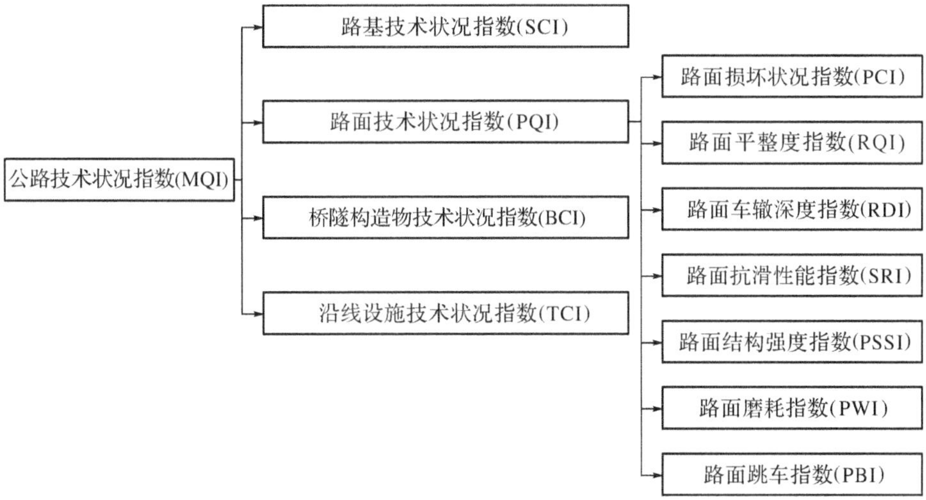

图 3-2 公路技术状况指标体系

表 3-1　PQI 分项指标计算权重

路面类型	权重	高速、一级公路	二、三、四级公路
沥青路面	w_{PCI}	0.35	0.60
	w_{RQI}	0.30	0.40
	w_{RDI}	0.15	—
	w_{PBI}	0.10	—
	w_{SRI}(PWI)	0.10	—
	w_{PSSI}	—	—
水泥混凝土路面	w_{PCI}	0.50	0.60
	w_{RQI}	0.30	0.40
	w_{PBI}	0.10	—
	w_{SRI}(PWI)	0.10	—

注：资料来源于《公路技术状况评定标准》(JTG 5210—2018)。

表 3-2　公路路面状况指标等级划分标准

评价指标	优	良	中	次	差
SCI、PQI、BCI、TCI	≥90	≥80，<90	≥70，<80	≥60，<70	<60
PCI、RQI、RDI、PBI、PWI、SRI、PSSI	≥90	≥80，<90	≥70，<80	≥60，<70	<60

注：资料来源于《公路技术状况评定标准》(JTG 5210—2018)。

3.1.2　基于分类算法的路面状况分级

1. 决策树

决策树是一种广泛应用于数据挖掘的预测模型，它通过模拟人类决策过程来预测数据的分类标签或连续值。决策树用树状结构来表示，其中每个内部节点代表一个属性上的决策规则，每个分支代表决策规则的输出，而每个叶节点代表一个预测结果。使用决策树的优点在于模型具有高度的可解释性，易于理解和实施，同时它能够处理包含数值型和类别型数据的复杂数据集。

决策树主要由节点和分支组成。它的根节点包含了待解决问题的完整数据集。从根节点延伸出的内部节点代表对数据的一个属性进行测试，根据测试结果，数据被分到两个或多个分支上。每个分支最终指向叶节点，叶节点代表了决策的结果，可以是分类类别或回归预测的数值。分支本身代表了从一个节点到另一个节点的决策规则的输出,它们连接着整个决策树的各个部分。

构建决策树涉及几个关键步骤。首先是特征选择,在每个节点上确定最优特征进行分裂的过程。为了选择最适合的特征,常用的方法包括信息增益、增益比、基尼指数和均方误差等;其次是决策树的生成,从根节点开始,按照特征选择的结果递归地分裂数据集,直至满足某个停止条件,如节点达到最大深度、节点内数据点少于预设阈值或不再有可用于分裂的特征;最后,为了避免过拟合,剪枝操作被用来简化决策树的结构,通过预剪枝在树的生成过程中就停止树的生长,或者后剪枝在树完全生成后移除一些子树来实现。

在决策树的发展中,有几种主要的算法模型被提出和广泛使用。ID3(Iterative Dichotomiser 3)算法利用信息增益来选择特征;C4.5 算法作为 ID3 的改进版本,引入增益比作为选择特征的新准则;而 CART(Classification and Regression Trees)算法则同时支持分类任务和回归任务,它在分类时使用基尼指数作为特征选择的准则,在进行回归时则使用均方误差最小化作为准则。这些算法的提出和应用极大地丰富了决策树模型的理论和实践,使其成为解决分类和回归问题的有力工具。

2. 贝叶斯理论

贝叶斯理论以 18 世纪英国数学家和牧师托马斯·贝叶斯(Thomas Bayes)的名字命名,是统计学中重要的理论基础。它提供了一种在给定证据的情况下评估某一假设概率的方法。核心思想是,任何事件发生的概率不仅取决于当前观测到的数据,还要结合之前的知识或经验(即先验知识)来进行评估和更新。贝叶斯定理的数学表述:

$$P(A|B) = \frac{P(B|A) \times P(A)}{P(B)}$$

其中,$P(A|B)$ 是在事件 B 发生的条件下事件 A 发生的概率,称为后验概率。$P(B|A)$ 是在事件 A 发生的条件下事件 B 发生的概率,称为似然概率。$P(A)$ 是事件 A 发生的概率,称为先验概率。$P(B)$ 是事件 B 发生的概率。

贝叶斯理论的显著特点在于其对先验知识的利用,鼓励在进行概率评估时考虑已有的知识或信念,这种方法的动态更新能力使其特别适合于处理不断变化的数据环境,随着新证据的出现,概率估计可以被动态地更新。此外,贝叶斯方法提供了一种自然的框架来处理不确定性,使其成为预测和决策分析中的有力工具,尤其在信息不完全的情况下。贝叶斯理论的应用遍及多个领域。在机器学习中,无论是监督学习、非监督学习还是强化学习,贝叶斯方法都发挥着重要作用,特别是贝叶斯网络和贝叶斯分类器等模型。贝叶斯模型在风险评估和投资决策过程中提供了一种灵活处理不确定性的方法,可以帮助分析师和管理者做出更为明智的决策。

3. 人工神经网络

人工神经网络的灵感来源于生物神经系统,特别是人脑的结构和功能。这些计算模型由多个层次组成,每一层包含许多相互连接的节点,这些节点称为"神经元"。神经网络的基础结构包括三个主要部分:输入层、隐藏层和输出层,如图3-3所示。

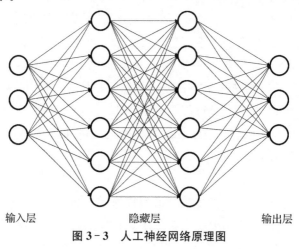

图3-3 人工神经网络原理图

（1）输入层

这是网络的第一层,负责接收来自外部世界的原始数据,每个输入节点代表数据集中的一个特征。

（2）隐藏层

紧随输入层之后的是一个或多个隐藏层,负责对输入数据进行加工和转换。隐藏层的节点通过权重和偏置对数据进行处理,通过激活函数确定是否以及如何激活下一层的神经元。

（3）输出层

这是网络的最后一层,其输出代表了网络对给定输入的响应。在分类问题中,输出层的每个节点通常代表一个类别的概率。

神经网络的核心功能是通过学习过程来优化权重和偏置,以便正确地映射输入数据到期望的输出。这一过程包含几个关键步骤:

(1) 前向传播

数据在网络中从输入层流向输出层。每一层的节点根据输入、权重和偏置计算其输出,并将这些输出作为下一层的输入。

(2) 计算损失

使用损失函数(如均方误差或交叉熵损失)来衡量网络输出与实际期望输出之间的差异。

(3) 反向传播

这是关键的训练过程,通过计算损失函数相对于每个权重的梯度来调整网络中的权重。这通过应用链式法则来完成,从输出层向后工作到输入层。

(4) 权重更新

一旦计算出损失函数关于每个权重的梯度,就使用优化算法(如随机梯度下降)来更新权重,以减少未来的损失。

人工神经网络根据其架构和设计原理可分为多种类型,每种类型针对特定的数据处理任务和应用场景。前馈神经网络(FNNs)是最基本的一类,其中数据仅在一个方向上流动,从输入层通过一个或多个隐藏层传递到输出层。卷积神经网络(CNNs)通过使用卷积层来自动提取输入数据(如图像)中的特征,适用于视觉识别任务。循环神经网络(RNNs)能够处理序列数据,如文本或时间序列,它们通过在模型内创建循环来保留前一个状态的信息,使得模型能够考虑到数据的时序特性。此外,长短期记忆网络(LSTMs)和门控循环单元(GRUs)是 RNNs 的进化版本,特别设计用来解决标准 RNNs 在处理长序列数据时可能遇到的梯度消失问题。生成对抗网络(GANs)则是由两个网络组成的一类模型,生成器试图生成尽可能接近真实的数据,鉴别器则试图区分真实数据与生成数据,这种设置使得GANs 在生成新图像、视频、音频等方面表现出色。

人工神经网络在多个领域中的应用展现了其强大的数据处理和模式识别能力。在图像处理和计算机视觉中,CNNs 被广泛用于图像分类、物体检测和面部识别等任务,改变了分析和理解视觉信息的方式。自然语言处理(NLP)领域也见证了 RNNs、LSTMs 和最近的 Transformer 网络在机器翻译、情感分析、文本生成等任务中的成功应用,显著提高了机器对自然语言的理解和生成能力。

4. k-近邻

k-近邻算法(k-Nearest Neighbors,k-NN)是一种基本且被广泛使用的监督学习算法,用于分类和回归任务。其工作原理(见图 3-4)比较直观:对于一个给定的输入样本,算法在数据集中找到与之最接近的 k 个邻居(即 k 个最近的数据点),并基于这些邻居的信息来预测该样本的输出。在分类任务中,k-NN通过投票机制决定新样本的类别,即它将根据最近的 k 个邻居中最常见的类别来分类新样本。在回归任务中,该算法则通过计算这 k 个邻居的输出值的平均值或中位数来预测新样本的输出值。k-近邻算法的核心思想和应用方法简单直观,但要全面理解和有效应用这一算法需要深入探讨其关键要素、实现细节以及优化策略。

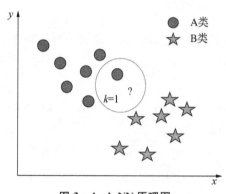

图 3-4　k-NN 原理图

(1) k 的选择

k 值的大小直接影响算法的性能。一个较小的 k 值意味着模型更加复杂,更容易捕捉到数据中的细节,但同时也更容易受到数据噪声的影响,导致过拟合。相反,一个较大的 k 值会使模型更加简单,可能导致欠拟合,但能够减少噪声的影响。通常,k 的选择需要通过交叉验证来确定,以平衡偏差与方差,达到最佳的泛化能力。

(2) 距离度量

k-NN 算法中使用的距离度量决定了样本之间"接近"或"相似"的定义。欧氏距离是最常见的选择,但在某些情况下,曼哈顿距离、明可夫斯基距离或余弦相似度可能更适合特定的数据类型或应用场景。选择适当的距离度量对提高模型的性能至关重要。

(3) 权重

在标准的 k-NN 算法中,每个邻居对最终结果的贡献是相同的。然而,引入权重,使得距离更近的邻居对最终预测结果有更大的影响,可以提高算法的预测性能。这种权重通常与距离成反比。

k-NN 算法的性能在很大程度上取决于 k 值的选择和距离度量的适用性。

通过交叉验证来优化这些参数是提高k-NN性能的有效策略。交叉验证不仅可以帮助找到最佳的k值,避免过拟合或欠拟合,还可以用于比较不同距离度量的效果,以选出最适合当前数据集的度量方式。此外,特征选择同样关键,因为不相关或冗余的特征会增加计算复杂度,并可能降低预测准确性。通过特征选择或降维技术[如主成分分析(PCA)],可以移除这些不必要的特征,从而提升算法的效率和效果。最后,考虑到不同邻居对预测结果的贡献可能并不相同,引入基于距离的权重(距离越近的邻居影响越大)可以进一步优化k-NN的预测准确度,特别是在数据分布不均匀的情况下。通过综合考虑这些实现细节和优化策略,可以大幅度提升k-NN算法在实际应用中的性能。

k-NN算法因其简单性和高度的适应性,在多个领域中得到了广泛的应用。在分类任务中,k-NN被广泛用于物体识别、人脸识别、手写数字识别以及文本分类等,其中算法需要判断一个未知样本属于哪个预定义的类别。由于其直观的分类逻辑,即通过观察最近的几个邻居来确定类别,k-NN在处理具有清晰界限或者分布较为紧密的数据集时尤其有效。在回归任务中,k-NN也能通过找到最近邻并计算它们的平均值或中位数来预测数值型的目标变量,例如费用预测、成本价格趋势分析等。

5. 支持向量机

支持向量机(SVM)最初于20世纪90年代由Vapnik提出,包括支持向量分类(SVC)和支持向量回归(SVR),是目前发展较快的机器学习方法。基于它结构风险最小,较好地解决了非线性、过学习、维数灾难、局部极小点等实际问题,泛化推广能力优异。

(1) 线性模型

假定训练样本$D=\{(x_1,y_1),(x_2,y_2),\cdots,(x_m,y_m)\}$在空间上分布如图3-5所示,若可以通过平面$\bm{w}^T\bm{x}+b=0$将样本分开,这种模型称之为线性模型,样本称为线性可分,平面$\bm{w}^T\bm{x}+b=0$为决策边界。样本D称之为训练样本,x_m称之为样本个体,y_i称之为标签;图3-5(a)中实心点部分标记$y=+1$,空心点部分标记$y=-1$。若样本D线性可分,则有:当$y=+1$时,$\bm{w}^T\bm{x}+b\geqslant 0$;当$y=-1$时,$\bm{w}^T\bm{x}+b<0$。

如果训练样本存在决策边界,那么训练样本则有无数个决策边界,如图3-5(b)所示。而支持向量机要求找到鲁棒性最高、稳定性最好的决策边界,也就是图3-5(a)中黑色的平面$\bm{w}^T\bm{x}+b=0$,这个平面就是最优决策边界。

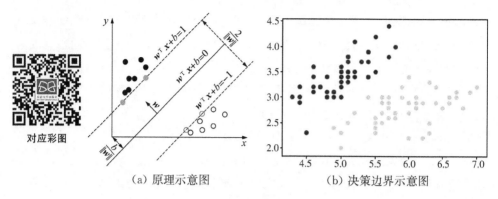

(a) 原理示意图　　　　　　(b) 决策边界示意图

图3-5　支持向量机的原理图

(2) 最优决策边界

图3-5(a)中黑色平面 $w^T x+b=0$ 移动过程中,样本 D 中四个红色的点,正好落在平面 $aw^T x+ab=0$ 上,这种点称之为支持向量;支持向量就是分类后,每个分类种类离决策平面最近的点;支持向量距离决策平面的距离 $d=\frac{|\phi^T x+b|}{\|\phi\|}$ 最大,且图中红色实心点类别中的支持向量与决策平面的距离等于红色空心点类别中的支持向量与决策平面相等的决策面,就是最优决策平面。此时样本点到最优决策平面的距离为 $\sqrt{w_1^2+w_2^2+\cdots+w_N^2}$。

$$d=\frac{|w^T x+b|}{\sqrt{w_1^2+w_2^2+\cdots+w_N^2}}=\frac{|w^T x+b|}{\|w\|}$$

对于 $w^T x+b=0$,存在常数 a,使得:

$$aw^T x+ab=1$$

则:

$$d=\frac{|1|}{\|w\|}$$

此时 w 的模越小,d 越大;进而寻优问题转化成了:最小化 $\frac{1}{2}w^2$,限制条件为 $y_i[w^T x+b]>0$。

使用支持向量机进行分类及评价时,需要确定SVM核函数类型,以及对核函数的参数和惩罚参数进行选择。这些参数的选择很大程度上影响了SVM的分类性能。图3-6为支持向量机对采用不同惩罚参数 c 和核参数 g(高斯径向基核函数的支持向量机)的路面技术状况分类结果,分别为诊断准确率的三维示意图及等高线图。核参数 g 越大,支持向量越少;核参数 g 越小,支持向量越多。而支持向量的个数影响训练和预测的速度。c 越高,容易过拟合;c 越小,容易欠拟合。

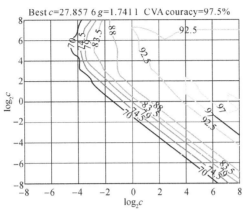

图 3-6 不同参数选择对分类准确率的影响

3.1.3 项目优先程度排序

在实际进行路面养护工作中,一般会优先对出现结构性损害的路面进行养护维修,为了使养护资金合理使用,路面使用率最佳,灰色关联分析法是一种多因素统计分析方法,它以各因素的样本数据为依据,用灰色联度来描述因素间关系的强弱、大小和次序,灰色关联分析的目的是揭示因素间关系的强弱。最终结果表现为通过关联度对比做出排序。综合评价的对象也可以看作是每个被评事物对应的各项指标值,并且往往需要对这些指标值做排序。比较序列自然是由被评事物的各项指标值构成的。因此,本节将对灰色关联分析法进行介绍。

(1) 灰色关联分析法研究对象

参考数据列是灰色关联分析法中的标准数据列,记为 X_0,设第一个指标值记为 $X_0(1)$,第二个指标值记为 $X_0(2)$……第 k 个指标值记为 $X_0(k)$,如下公式表示:

$$\boldsymbol{X}_0 = (X_0(i)), i=1,2,3,\cdots,n$$

(2) 无量纲化

一般情况下,原始变量序列具有不同的量纲或数量级,为了保证分析结果的可靠性,需要对变量序列进行无量纲化。无量纲化后各因素序列形成如下矩阵:

$$(\boldsymbol{X}_0, \boldsymbol{X}_1, \cdots, \boldsymbol{X}_n) = \begin{pmatrix} X_0(1) & X_1(1) & \cdots & X_n(1) \\ X_0(2) & X_1(2) & \cdots & X_n(2) \\ \vdots & \vdots & & \vdots \\ X_0(N) & X_1(N) & \cdots & X_n(N) \end{pmatrix}_{N \times (n+1)}$$

(3) 求差序列、最大差和最小差

第一列(参考序列)与其余各列(比较序列)对应期的绝对差值,形成如下绝对差值矩阵:

$$\begin{bmatrix} \Delta_{01}(1) & \Delta_{02}(1) & \cdots & \Delta_{0n}(1) \\ \Delta_{01}(2) & \Delta_{02}(2) & \cdots & \Delta_{0n}(2) \\ \vdots & \vdots & & \vdots \\ \Delta_{01}(N) & \Delta_{02}(N) & \cdots & \Delta_{0n}(N) \end{bmatrix}_{N\times(n+1)}$$

其中,$\Delta_{0i}(k)=|X_0(k)-X_i(k)|,i=0,1,\cdots,n;k=1,2,\cdots,N$。绝对差值阵中的最大数和最小数即为最大差和最小差。

(4) 关联系数

在分析参考数据列和比较数据列的关联程度时,首先分析各个指标间的关联程度,用关联系数这个概念表示,计算公式如下:

$$\eta_i(k)=\frac{\Delta_{\min}+\lambda\Delta_{\max}}{\Delta_i(k)+\lambda\Delta_{\max}}$$

其中:

$$\Delta_i(k)=|X_i(k)-X_0(k)|$$
$$\Delta_{\min}=\mathrm{Min}_i\mathrm{Min}_k|X_i(k)-X_0(k)|$$
$$\Delta_{\max}=\mathrm{Max}_i\mathrm{Max}_k|X_i(k)-X_0(k)|$$

$\eta_i(k)$ 为 X_i 对 X_0 的 k 指标关联系数;λ 为分辨系数,一般在 0 与 1 之间。

(5) 计算关联序

对各评价对象(比较序列)分别计算各指标与参考序列对应元素的关联系数的均值,以反映各评价对象与参考序列的关联关系,并称其为关联序,记为:

$$r_{0i}=\frac{1}{n}\sum_{k=1}^{n}C_k\eta_i(k)$$

C_k 表示第 k 个指标的关联系数(或称为相似系数),用于衡量评价对象在第 k 个指标上与参考序列之间的相似程度。每个评价对象在不同指标上的关联系数会有所不同,C_k 就是反映这一关系的数值。

各指标在综合评价中所起的作用不同,可对关联系数求加权平均值即:

$$r_{0i}=\frac{1}{m}\sum_{i=1}^{m}W_k\eta_i(k),k=1,2,\cdots,m$$

W_k 表示第 k 个指标的权重。在综合评价中,不同指标的重要性可能不同,因此每个指标都会有一个对应的权重 W_k 来反映其在整体评价中的相对重要性。权重通常是通过某种方法预先确定的,目的是在计算加权平均值时,能够合理地体现各个指标的重要性。

3.1.4 养护措施效果评价

1. 评价指标

对于养护措施的使用效果评价,研究人员开发了各种评价模型,且各评价模型分别有其侧重点。有的模型侧重于经济性的评价,有的侧重于环境方面的评价,而更多的则是侧重于路面使用性能方面的评价。养护措施的使用效果评价一般考虑短期效益及长期效益评价两个方面。短期效益可用养护前后性能指标的变化量、变化率以及养护前后性能指标衰变速率的变化量及变化率来表征,长期效益则可综合比较养护措施的经济效益、社会效益和环境效益来进行评价。

(1) 经济效益

公路养护项目的经济效益是对工程投资进行全面评估的重要考量。在工程经济学的框架下,这一评价主要关注公路对区域性经济发展的带动作用。公路养护项目的经济效益与资金的时间价值密切相关,因此采用了一系列经济效益评价指标。经济效益指标主要采用以 PCI(Pavement Surface Condition Index,路面状况指数)、RQI(Pavement Riding Quality Index,路面纹波质量指数)和 RDI(Pavement Rutting Depth Index,车辙深度指数)指标计算效益费用比。将 PCI、RQI 和 RDI 等路面状况指标的改善与养护工程的成本进行比较,得出效益费用比,该比率越高,说明投资产生的经济效益越显著,项目的经济性越好。

PCI 是用于评估道路路面状况的指数,通常范围为从 0 到 100,其中 0 表示路面状况极差,而 100 表示路面状况完全良好。PCI 的计算基于对路面不同部位的损害程度、裂缝、坑槽等状况的调查和评估,它提供了对路面整体状况的综合性评估。

RQI 是用于评估道路路面平整度的指数,通常表达为 0 到 5 之间的数值,其中 0 表示非常好,5 表示非常差。RQI 的计算基于路面表面的纹理、坑槽等特征,通过测量车辆在行驶过程中感受到的振动水平,从而评估路面平整度的质量。

RDI 是用于评估路面车辙深度的指数,通常以毫米为单位,表示车辙的深度。RDI 的计算基于对车辙深度的实地测量。车辙是路面表面出现的纵向凹槽,通常由车辆的运行引起。

(2) 社会效益

养护措施带来的社会效益主要考虑养护措施实施后带来的路面使用寿命

延长、用户费用节约和交通事故发生率降低等方面。社会效益主要包括养护措施使用寿命、养护工作区时间延误、不同路面材料噪声及路面排水功能，通常认为养护措施的使用寿命越长，对交通的干扰越小，排水功能越好，则该养护措施的社会效益越高。养护措施使用寿命的长短与养护措施实施后带来的路面使用寿命的延长密切相关。一般来说，养护措施的使用寿命越长，其对路面使用寿命的延长量也越大。

路面养护需要在道路上设置作业区，这会对道路正常的交通流产生影响，例如封闭部分车道从而致使道路的通行能力变小，在道路交通流量大的情况下将引起拥挤，增加了用户运行时间、车辆运行费用以及发生碰撞的数量和严重度。全生命周期费用评估(Life Cycle Cost Analysis, LCCA)提供了考虑养护作业区用户费用的方法框架，国内外也有很多学者对养护作业区带来的交通延误问题进行了研究。研究表明，养护作业区带来的延误大小主要与施工期间交通流的时空分布特性及交通组成、相应的作业区通行能力有关。从某种程度上说，养护措施开放交通的时间越短，相应路段的交通量越低，对交通通行能力的影响也越小，所带来的时间延误也越短。

（3）环境效益

环境恶化问题包括空气、水及土壤等不可再生资源的污染与消耗，生态系统的破坏已经成为社会发展首先要面对的主要问题之一。环境恶化的主要因素是：巨大的人口基数和持续增长的人口数量、持续增加的经济体量和个人财富、消耗资源或造成污染的技术应用。而其中最需要关注和易于改进的因素就是消耗资源或造成污染的技术应用，其问题的关键是资源的过度消耗和大量温室气体的排放。在各个工业生产建设部门中，无论是建筑还是交通行业均会产生对环境的不利影响，而公路建设正是其中的重要环节之一。国外相关机构统计，交通领域的发展与运营影响包括全球 1/3 的能源消耗、40% 的原材料消耗和 30% 的碳排放。在全球范围内，预期将有大量资金投入道路建设和道路养护工程中。美国联邦公路管理局运输部(FHWA)预计投入大量资金，用于正在建设中的高速公路和桥梁，加拿大魁北克省已将公路网投资预算的 70% 拨给路面管理机构，用于道路养护工程以保持道路及构筑物处于良好状态。公路建设和养护预算在巴西、韩国和一些欧洲国家都有增长。由于燃料消耗的增加、车辆数量的增多和路面性能状况的快速恶化正在对社会经济及生产生活造成直接或间接的损害，如交通堵塞事故和时间延误，同时对环境与健康产生不利的影响。我国许多道路仍在建设或运营中,这代表着绿色道路、环保道路的发展有着巨大的前景和发展空间。

对养护措施的环境效益分析主要考虑能耗和碳排放两个方面。在公路路面养护措施施工过程中,必然会产生能源的消耗和与之对应的碳排放。原料生产环节包括原料的开采、运输、加工等;施工准备阶段包括原料的转运、混合料的拌和与运输等;施工阶段包括混合料的摊铺、整平、碾压等。这些过程中都直接或间接地消耗了各种化石能源,因此针对公路路面养护措施全生命周期的能源消耗和碳排放计算应从其包含的每一阶段进行累加求和。

2. 评价模型

本节将介绍常见的养护措施综合效益评价方法,包括层次分析法、模糊综合评价法、德尔菲法、数据包络分析法、主成分分析法、多标准决策分析法,然后以层次分析法为例,具体介绍公路路面养护效果评价流程。

(1) 常见综合效益评价方法

① 层次分析法

层次分析法(AHP)是由美国匹兹堡大学的 Saaty 于 20 世纪 70 年代初期提出的,其理论核心是考虑综合定性与定量分析,使人脑的决策思维过程模型化的方法。AHP 把复杂的问题分解为各个组成因素,将这些因素按支配关系分组形成有序的递阶层次结构,通过两两比较的方式确定层次中各因素的相对重要性,然后结合定性分析决定各因素相对重要性的先后顺序,其核心的特征就是分解、判断和综合。AHP 模型凭借其针对多目标、多需求系统决策简单而有效的特点,已被广泛应用于解决资源分配、方案排序、政策制定、冲突求解和效益评价等诸多问题。运用 AHP 建立模型一般分为四个步骤:首先建立递阶层次结构模型,其次构造两两比较判断矩阵,然后进行一致性检验,最后确定各层级组合权重。

② 模糊综合评价法

通过将模糊数学引入综合评价中,处理因素评价和权重的不确定性,它适用于评价指标难以量化或评价对象含有模糊概念的情况。模糊综合评价法通过构建模糊关系矩阵和权重向量,综合考虑各评价指标对评价对象的影响,最终得出综合评价结果。

③ 德尔菲法

德尔菲法是通过收集和整合专家意见来进行决策和预测的方法。它通常包括多轮匿名问卷调查,每轮调查后都会反馈上一轮的汇总信息,以便专家们调整自己的观点。德尔菲法强调专家共识的形成,广泛应用于未来趋势预测、需求分析和政策制定等领域。

④ 数据包络分析法(Data Envelopment Analysis,DEA)

DEA 是一种基于相对效率的评价方法,用于评估同类决策单元(如企业、部门、项目)在多个输入和输出指标上的绩效。它通过构建一个非参数的生产可能性边界来识别效率前沿,并以此为基准评价各决策单元的相对效率。DEA 适用于多输入多输出的效率评价问题。

⑤ 主成分分析法(Principal Component Analysis,PCA)

主成分分析法是一种统计方法,通过降维技术将多个变量转换为少数几个主成分,这些主成分能够反映原始数据的大部分信息。PCA 常用于数据预处理、特征提取和维度降低,以简化数据结构和减少信息重叠。通过提取主要变量,PCA 帮助揭示数据的内在结构和模式。

⑥ 多标准决策分析法(Multi-Criteria Decision Analysis,MCDA)

MCDA 用于在多个标准或属性下评估和比较不同的决策选项,这些方法考虑了多个评价标准,并能够处理标准之间的权衡。MCDA 方法包括加权总和模型、技术评分和排序程序等,广泛应用于资源分配、项目选择和政策评估等决策问题。

(2) 层次分析法模型介绍

① 递阶层次结构模型

一个复杂的多目标、多需求的问题可以分解为它的组成部分或因素,即目标、约束、准则、子准则、方案等,每一个因素称为元素。建立递阶层次结构是 AHP 中重要的一步。把多目标、多需求的问题分解为组成元素,再将这些元素按属性不同分成若干组,以形成不同的层次。同一层次的元素作为准则,对下一层次的某些元素起到支配作用,同时它又受到上一层元素的支配。这种从上至下的支配关系形成了一个递阶层次。处于最高层的通常只有一个元素,一般是分析问题的预定目标或理想结果,中间的层次一般是准则层、自准则层,最低一层通常是决策的方案。层次之间元素的支配关系不一定是完全的,即可以存在某一个元素,它并不支配下一层次的所有元素。

本节建立层次分析模型时主要考虑长期效益指标。经济效益指标主要采用 PCI、RQI 和 RDI 效益费用比;社会效益指标采用养护措施的使用寿命、养护工作区的时间延误、噪声及排水;环境效益指标主要考虑养护措施的能耗与碳排放。AHP 养护效益评价递阶层次结构模型如图 3-7 所示。

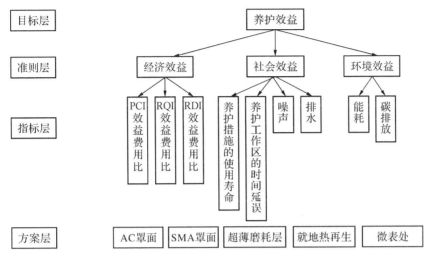

图 3-7 AHP 养护效益评价递阶层次结构模型

② 构造判断矩阵

在建立了递阶层次结构之后,上下层次之间元素的隶属关系就被确定了。通过上一层的某一元素作为准则,对下一层的相对应元素具有支配关系,目的是在上一层元素的准则之下,按它们的相对重要性赋予下一层元素相应的权重。直接得到这些元素的权重并不容易,往往需要通过适当的方法来导出它们的权重。AHP 所用的是两两比较的方法即 1~9 标度法。1~9 标度方法是一种将思维判断数量化的常用方法。首先是在区分事物性质的差别时,采用相同、稍重要、明显重要、非常重要、绝对重要五个等级来进行重要程度的划分,再进一步细分为两个相邻等级中间插入折中的判断指标,因此对于大多数决策判断来说,1~9 级的标度是适用的。其次,心理学实验表明,大多数人对不同事物在相同属性上的差别的分辨能力在 5~9 级之间,采用 1~9 的标度反映多数人的判断能力。最后,当被比较的元素及其属性处于不同的数量级时,一般需要使被考虑的属性处于同一数量级或比较接近,从而适用于 1~9 的标度。各层判断矩阵的构造方法采用表 3-3 所示的 1~9 标度方法。

表 3-3 常用判断矩阵 1~9 标度和定义

相对重要程度 a_{ij} 的取值	定义
1	两个元素相比,具有相同的重要性
3	两个元素相比,前者比后者稍重要
5	两个元素相比,前者比后者明显重要

续表

相对重要程度α_{ij}的取值	定义
7	两个元素相比,前者比后者非常重要
9	两个元素相比,前者比后者绝对重要
2、4、6、8	上述判断的中间值
倒数	若元素i与j的重要性之比为α_{ij},那么元素j和i的重要性之比为$1/\alpha_{ij}$

判断矩阵如下式所示:

$$A = \begin{bmatrix} \alpha_{11} & \alpha_{12} & \cdots & \alpha_{1n} \\ \alpha_{21} & \alpha_{22} & \cdots & \alpha_{2n} \\ \vdots & \vdots & & \vdots \\ \alpha_{n1} & \alpha_{n2} & \cdots & \alpha_{nn} \end{bmatrix} = \begin{bmatrix} w_1/w_1 & w_1/w_2 & \cdots & w_1/w_n \\ w_2/w_1 & w_2/w_2 & \cdots & w_2/w_n \\ \vdots & \vdots & & \vdots \\ w_n/w_1 & w_n/w_2 & \cdots & w_n/w_n \end{bmatrix}$$

其中,α_{ij}表示元素i和元素j的相对重要程度,w_i为元素权重:

$$\alpha_{ij} = w_i/w_j, \forall i,j \in \mathbf{N}^*$$

准则层判断矩阵:准则层的判断矩阵的构建主要分为经济效益、社会效益和环境效益。准则层的判断矩阵如表3-4所示。

表3-4 准则层的判断矩阵

养护效益	经济效益	社会效益	环境效益
经济效益	1	2	2
社会效益	1/2	1	1
环境效益	1/2	1	1

指标层判断矩阵:在指标层判断矩阵的构建中,经济效益指标主要采用PCI、RQI和RDI效益费用比;社会效益指标采用养护措施的使用寿命、养护工作区的时间延误、噪声及排水;环境效益指标主要考虑养护措施的能耗与碳排放。构造指标层判断矩阵分别如表3-5、表3-6、表3-7所示。

表3-5 经济效益的判断矩阵

经济效益	PCI效益费用比	RQI效益费用比	RDI效益费用比
PCI效益费用比	1	2	2
RQI效益费用比	1/2	1	1
RDI效益费用比	1/2	1	1

表 3-6 社会效益的判断矩阵

社会效益	养护措施的使用寿命	养护工作区的时间延误	噪声	排水
养护措施的使用寿命	1	4	2	4
养护工作区的时间延误	1/4	1	1/3	1
噪声	1/2	3	1	2
排水	1/4	1	1/2	1

表 3-7 环境效益的判断矩阵

环境效益	能耗	碳排放
能耗	1	2
碳排放	1/2	1

③ 一致性检验

在判断矩阵的构造中，并不要求判断一致性，这是由客观事物的复杂性与人的认识多样性所决定的。但要求判断有大体的一致性却是必需的，比如出现 A 比 B 重要，B 比 C 重要，而 C 比 A 重要的情况一般是违反常识的。而且，当判断偏离一致性过大时，排序权向量计算结果作为决策依据将出现某些问题，因此在得到 $\lambda_{\max}$ 后，需要进行一致性检验。一致性指标和一致性比例被用于进行一致性检验分析评价，其步骤如下公式所示：

$$CI = \frac{\lambda_{\max} - n}{n - 1}$$

$$CR = \frac{CI}{RI}$$

式中，RI 为平均随机一致指标，是多次重复进行随机判断矩阵特征值的计算之后取算术平均数得到的。n 为判断矩阵阶数，$\lambda_{\max}$ 为判断矩阵的最大特征根。通常来说，最大特征根 $\lambda_{\max} > n$，且当 $\lambda_{\max}$ 越大时，CI 也越大，导致偏离一致性越大；反之，则偏离一致性越小。另外，判断矩阵的阶数越大即 n 越大时，判断的主观因素造成的偏差也就越大；反之，则偏离一致性越小。当 $\lambda_{\max} = n$，$CI = CR = 0$，可以认为判断矩阵 A 具有完全的一致性。当判断矩阵 A 小于或等于二阶判断矩阵时，则必定具有完全的一致性，因而 $CI = CR = 0$。

当检验一致性比例 $CR < 0.1$ 时，一般认为判断矩阵的一致性是可以接受的，可依据公式 $Aw = \lambda_{\max} w$，求解 w 作为权重。否则，需要修正判断矩阵，直到检

验通过。在进行一致性检验并通过后,需要对判断矩阵进行定量描述。特征根法是 AHP 中最早提出的排序权向量计算方法,通过公式 $\bar{w}_i = \sqrt[n]{\prod_{j=1}^{n} \alpha_{ij}}$ ($i=1,2,\cdots,n$) 进行归一化计算后,求出权重系数 $w_i = \bar{w}_i / \sum_{i=1}^{n} \bar{w}_i$ ($i=1,2,\cdots,n$),设 $w = [w_1, w_2, \cdots, w_n]^T$,则最大特征根 $\lambda_{max} = \frac{1}{n} \sum_{i=1}^{n} (A \times w)_i / w_i$。

通过以上公式进行归一化计算,分别求出准则层和指标层判断矩阵的权重系数以及其对应的最大特征值和对应的特征向量。准则层判断矩阵的权重系数向量为 $w_{准则} = [0.50, 0.25, 0.25]^T$,最大特征根 $\lambda_{max} = 3, CI = 0, CR = 0$,判断矩阵满足一致性检验。指标层经济效益判断矩阵的权重系数向量为 $w_{经济} = [0.50, 0.25, 0.25]^T$,最大特征根 $\lambda_{max} = 3, CI = 0, CR = 0$,判断矩阵满足一致性检验。指标层社会效益判断矩阵的权重系数向量为 $w_{社会} = [0.49, 0.11, 0.28, 0.12]^T$,最大特征根 $\lambda_{max} = 4.02, CI = 0.0076, CR = 0.0084$,判断矩阵满足一致性检验。指标层环境效益判断矩阵的权重系数向量为 $w_{环境} = [0.67, 0.33]^T$,最大特征根 $\lambda_{max} = 2, CI = 0, CR = 0$。单层权重系数如表 3-8 所示。

表 3-8 单层权重系数

层	指标	权重系数
准则层	经济效益	0.50
	社会效益	0.25
	环境效益	0.25
指标层—经济效益	PCI 效益费用比	0.50
	RQI 费用效益比	0.25
	RDI 费用效益比	0.25
指标层—社会效益	养护措施的使用寿命	0.49
	养护工作区的时间延误	0.11
	噪声	0.28
	排水	0.12
指标层—环境效益	能耗	0.67
	碳排放	0.33

④ 各层组合权重

确定某层所有因素对于总目标相对重要性的排序权值过程,称为层次总排序。这一过程是从最高层到最底层依次进行的,计算过程如图 3-8 所示。

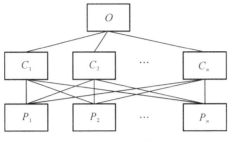

图 3-8 权重计算

C 层 m 个因素 $C_1, C_2, \cdots, C_m$,对总目标 O 的排序为(特征向量)$w = [a_1, a_2, \cdots, a_m]$,$P$ 层 n 个因素对上层 C 中因素为 C_j 的层次单排序为 $b_{1j}, b_{2j}, \cdots, b_{nj} (j=1,2,\cdots,m)$。

$$P_1 : a_1 b_{11} + a_2 b_{12} + \cdots + a_m b_{1m}$$
$$P_2 : a_1 b_{21} + a_2 b_{22} + \cdots + a_m b_{2m}$$
$$\cdots \cdots$$
$$P_n : a_1 b_{n1} + a_2 b_{n2} + \cdots + a_m b_{nm}$$

AHP 评价体系的最终目的是通过其指标层对目标层的最终合成权重,评价各个养护方案的优劣。为了得到递阶层次结构中每一层次所有元素相对于总目标的相对权重,需要把单层权重系数进行适当的组合,得到其相对于目标层的最终合成权重。计算指标层即 PCI 效益费用比、RQI 效益费用比、RDI 效益费用比、养护措施的使用寿命、养护工作区的时间延误、噪声、排水、能耗和排放相对于目标层的最终合成权重。

3.2 公路建养项目的资金预算管理策略

公路建养项目的资金预算管理策略是确保项目财务健康和成功实施的关键。本节将深入探讨如何通过精细化的预算管理,实现公路建养项目资金的最优分配和效益最大化。

3.2.1 预算编制的精细化

精细化预算编制是确保公路建养项目资金合理分配和有效利用的关键步骤,它要求项目管理团队对项目的所有成本要素进行详尽的分析和预测,确保预算的精确性和可行性。

1. 项目成本要素分析

首先,项目团队需要对所有成本要素进行细致的分析,这包括对直接成本的评估,如原材料、劳动力、设备租赁等,以及间接成本的考量,比如项目管理费、企业利润、风险准备金等。通过深入分析,可以确保预算中包含所有必要的成本项,避免遗漏。

2. 工程量清单编制

依据工程设计图纸和规范,项目团队需要编制详尽的工程量清单。这一清单将作为预算编制的基础,确保每一项工程内容,无论大小,都得到量化和定价。工程量清单的准确性直接影响预算的准确性。

3. 市场调研与价格预测

项目团队应进行市场调研,收集材料、人工等成本要素的最新市场价格信息。此外,还需要对项目实施期间的价格波动进行预测,以便在预算中考虑到可能的成本增加,确保预算的前瞻性和适应性。

4. 历史数据分析

利用以往类似项目的历史数据,项目团队可以分析出成本超支的风险点。通过历史数据的分析,可以发现哪些环节容易出现成本偏差,从而在预算编制时提前做出应对措施。

5. 预算模板和工具应用

采用标准化的预算模板和专业的预算管理软件可以大大提高预算编制的效率和准确性。预算模板提供了一种标准化的格式,而专业软件则提供了强大的数据分析和计算功能。

6. 多方参与和审核

预算编制过程中需要多方参与,包括但不限于财务部门、工程部门、采购部门、法务部门以及项目管理办公室等。每个部门从自己的专业角度出发,对预算进行审查和建议。通过交叉审核,可以确保预算的全面性和合理性。此外,还应邀请外部专家或顾问参与审核,提供独立的意见和建议。

7. 沟通与协调

在预算编制过程中,项目团队内部的沟通与协调至关重要。定期的会议和报告机制可以确保所有团队成员对预算编制的进展和问题保持同步理解。有效的沟通可以减少误解,提高团队协作效率。

8. 持续更新与维护

预算编制不是一次性的任务,而是一个持续的过程。随着项目的推进和外部环境的变化,预算需要不断地更新和维护。项目团队应建立一个机制,确保预算能够及时反映最新的项目信息和市场变化。

3.2.2 预算执行的严格监控

预算执行阶段的严格监控对于确保资金使用符合预算计划至关重要。为此,需要建立一个综合性的资金流监控系统,实时跟踪资金的流入和流出,确保每一笔支出都得到适当的记录和监控。通过这个系统,管理层可以及时发现任何预算偏差,并迅速采取纠正措施。

为了进一步强化预算执行的监控,项目团队需要定期生成财务报告,这些报告应详细展示预算执行情况、成本节约或超支的详细分析。这些信息对于管理层做出明智的决策至关重要,因为它们提供了项目财务状况的透明视图,有助于预测未来的资金需求和潜在的财务风险。

变更控制流程是预算执行监控的另一个关键组成部分。项目过程中不可避免地会出现变更,因此必须建立严格的变更控制流程,对任何变更请求进行审查,评估其对项目预算和进度的影响,并在必要时进行调整。这确保了项目预算的灵活性和适应性,同时保持了整体的财务控制。

风险管理是预算执行监控中不可或缺的一部分。通过建立风险预警机制,项目团队可以对潜在的成本或进度偏差保持警觉,并在问题出现之前采取预防措施,这包括使用先进的预测工具进行风险评估,以及定期审查项目假设和外部环境变化,确保预算的准确性和项目的顺利进行。

总之,预算执行的严格监控要求项目团队保持高度的警觉性和主动性。通过资金流监控系统、定期财务报告、变更控制流程以及风险预警机制的协同工作,项目团队可以确保预算得到有效管理,从而提高项目成功的可能性。

3.2.3 预算调整的灵活性

在公路建养项目实施过程中,面对不确定性和变化,预算的灵活调整至关重要。为此,项目团队必须采纳动态预算调整策略,根据项目实际进度和市场条件的波动,定期审视和更新预算分配。这种动态调整确保了资源能够根据项目的实际需求进行合理分配,同时也提高了项目对突发事件的响应能力。

为应对不可预见的事件,预备金的管理成为预算调整中的关键组成部分。项目团队需合理规划预备金的规模,并制定明确的使用准则,确保在出现意外成本时能够迅速动用,从而减轻对项目整体预算的影响。此外,预备金的规模和使用规则应根据项目风险评估进行定期审查,以保持与项目实际情况的一致性。

在预算调整过程中,建立一个多方协商机制是必不可少的,这个机制应包括项目的发起人、投资者、承包商和项目团队等所有关键利益相关者,确保在预算调整决策时,各方的意见和需求都能得到充分考虑。通过透明的沟通和集体协商,可以增强团队合作,平衡不同利益,达成共识,从而提高预算调整的接受度和有效性。

此外,透明沟通和决策对于确保预算调整的公正性和合理性至关重要。项目团队应及时向所有相关方公开预算调整的决策过程和理由,确保决策的透明度,这不仅有助于建立信任,还能够促进团队成员之间的协作和对决策的支持。

最后,持续监控和反馈是确保预算调整策略有效执行的关键。项目团队需要设立监控系统,定期跟踪预算调整后的实际执行情况,并通过数据分析评估调整的效果。根据监控结果,团队应做出及时的反馈和必要的调整,确保预算管理与项目目标保持一致,从而保障公路建养项目的顺利进行和成功实施。

3.2.4　预算控制的系统化

系统化的预算控制有助于提高资金使用效率和确保项目目标的实现。通过构建全面的预算管理体系、制定关键绩效指标(KPIs)以及强化内部控制和审计,预算控制能够实现更加精细和高效的管理。

全面预算管理体系包括预算编制、执行、监控、调整和审计等环节。在预算编制阶段,需要综合考虑项目的整体规划和具体需求,确保各项预算合理、科学。在预算执行过程中,通过实时监控和定期报告,及时发现并解决执行中的问题,保证预算的顺利落实。遇到不可预见的情况时,需灵活进行预算调整,确保项目目标不受影响。最后,通过全面的预算审计,对预算执行进行系统性回顾和评价,总结经验教训,优化未来预算管理。

制定关键绩效指标(KPIs)可以量化预算执行的效果,为绩效评价提供依据。通过设定具体、可衡量、可实现、相关性强和有时限的KPI,可以明确各部门和个人的责任,激发其工作积极性和创造性。在预算执行过程中,定期评估KPIs的达成情况,通过数据分析识别薄弱环节,并采取相应改进措施。绩效指标的设定不仅有助于提升预算执行的透明度和公正性,还为管理层提供了科学决策的依据。

内部控制和审计是确保预算执行合规性的关键措施。强化内部控制可以预防和减少预算执行中的风险,确保各项资金使用符合相关规定。定期进行内部审计,通过独立、客观的审计程序,评估预算执行情况,识别潜在问题,并提出改进建议。这不仅有助于提高资金使用效率,还能增强预算管理的透明度和公信力,确保项目目标的顺利实现。

3.2.5 绩效评价与预算反馈

绩效评价是预算管理循环中的关键环节,它为预算管理的持续优化提供了数据支持。构建一个全面的绩效评价体系能够客观地映射预算执行中的实际状况,该体系应涵盖成本效益分析和目标达成度评估等方面。成本效益分析通过对比投入与产出,评价资金使用的经济效益和效率。而目标达成度评估则是根据项目预设目标与实际成果,衡量项目执行的成效和成功程度。一个系统的绩效评价体系为管理优化提供了科学的依据。

绩效评价结果的反馈对于预算执行情况至关重要,它能够揭示管理中的缺陷。反馈机制应包括定期的绩效报告和深入的专题分析,以确保管理层和相关部门能够及时获得绩效评价的反馈。通过识别预算执行过程中的问题和弱点,可以发现并提出改进措施,从而增强预算管理的透明度和责任感,激励各部门持续改进,提升整体的管理效能。

基于绩效评价的结果,应制定并实施持续改进的措施,以优化预算管理流程。持续改进机制应涵盖改进计划的制定、执行和评估三个阶段。在制定改进计划时,需要依据绩效评价结果,明确改进目标和具体措施。在执行改进措施的过程中,应加强监督和指导,确保措施得到有效实施。通过定期评估改进措施的效果,及时调整管理策略,以提升预算管理的科学性和有效性。建立持续改进机制有助于形成正向循环,促进预算管理水平的持续提升。

3.3 公路路面建养资金分配方法

3.3.1 常见系统决策优化方法

路面养护管理决策的核心内容是在指定的预算资金和其他资源的约束下,寻求最优养护策略,使得效益目标最大化,或是在一定的路面使用性能要求和资源限制的约束下,寻求最优养护策略,使得费用目标最小化。路面养护决策起源于 20 世纪 60 年代美国国家公路与运输协会(AASHTO)道路试验,多采用路况数据与工程经验判断相结合的决策方法。70 年代开始,随着工程生产管理系统(Production Management System,PMS)的推广应用,大量工程经济分析方法(其中典型的是寿命周期费用分析法)用于道路养护决策分析,主要决策方法是决策树和排序法。同时,各种数学规划方法也得到应用。

随着公路运输的快速发展,路面养护管理决策的基础数据采集量和计算量越来越大,特别是针对整个路网的路面养护管理决策问题逐渐大规模化,导致进行整个路网的完全优化决策十分困难,因此近年来多采用近似优化决策方法,并集中于集成(Aggregation)和启发(Heuristic)两个方向。集成是将一个较大的路网根据路面状况、交通量、线路等级等特征,合并成较少的路段,并对合并后的项目进行优化决策;启发则是根据求解的优化问题,按照一定的方法,逐步逼近最优解,最后获得一个近似最优解。

关于路面养护管理决策中常用的优化方法主要有数学规划优化方法和人工智能优化方法两大类。目前在实际应用中以数学规划优化方法为主,人工智能优化方法的产生是由于数学规划模型的解存在不稳定性,同时对于大规模规划问题的求解速度非常缓慢,适用于大规模路网的优化决策问题。

(1) 数学规划优化方法

① 决策树(Decision Tree)

决策树是一种广泛应用于分类和回归任务的机器学习方法,因其直观的结构和易于理解的决策过程而受到青睐。在其最基本的形式中,一个决策树可以被视为一个流程图,其中每个内部节点代表一个属性上的测试,每个分支代表测试的结果,而每个叶节点(或终端节点)代表一个类标签(在分类树中)或连续值(在回归树中)。决策树的构建过程涉及递归地将数据集分割成越来越小的子集,同时增加树的深度,直到达到某个停止条件,这可以是树达到指定的最大深度,或者在当前分支中的所有数据都属于同一类别。

当构建决策树时,选择最优分割属性和分割点是关键,通常基于一些度量标准来进行,如信息增益(在 ID3 算法中使用)、增益比(C4.5 算法)和基尼不纯度(CART 算法)。这些度量标准帮助确定在当前数据集分割中哪个属性会带来最大的"信息增益"或"纯度提升",以此作为分割依据。信息增益基于熵的概念,量化了分割前后数据集不确定性的减少量,而基尼不纯度则是衡量数据集中类别杂乱无章程度的指标。通过选择最优属性进行分割,决策树能够在每一步尽可能清晰地区分数据集中的不同类别。

决策树的优点在于模型的可解释性和简单性,使其成为初学者友好的机器学习算法之一。用户可以轻松理解模型的决策过程，就像跟随一系列"是"或"否"的问题一样直到达到最终决策。然而，决策树也容易过拟合，尤其是当树变得非常深且复杂时，这会导致模型在训练数据上表现出色，但在未见过的数据上泛化能力差。为了克服这一点，通常采用剪枝技术来限制树的大小，或者使用集成方法如随机森林，后者通过构建多个决策树并综合它们的预测来提高模型的稳定性和准确性。

② 排序法（Ranking）

排序法是一种决策支持技术，用于对一系列项目或方案进行优先级排序，基于各项指标或标准的综合评估结果。当应用排序法时，通常先确定评价标准，然后根据每个项目在这些标准上的表现给予相应的权重和评分。最终，计算得出每个项目的总分或总排名，以此作为决策依据。排序法的关键在于合理设定评价标准和权重，从而确保评价过程的公正性和准确性。此方法在多目标决策分析中尤为重要，因为它能够综合考虑多个因素，帮助决策者在众多选项中选择最优方案。

在路面养护管理中，排序法可以用于确定不同路段养护项目的优先级。考虑到路面养护资源通常有限，而需求却很大，因此需要通过科学的方法来决定哪些路段应该优先进行养护。评价标准可能包括路面状况、交通流量、事故发生率、经济影响等多个维度。通过为这些标准设定不同的权重，反映它们对路面安全和效能的影响程度，然后根据实际数据对各个路段进行评分，综合考虑这些因素来确定养护优先级。使用排序法不仅可以确保资源被高效利用，还可以提高路网的整体性能和安全性，确保公共资金在路面养护上的投入能够带来最大的社会经济效益。在路面养护管理的实际工作中，往往受到资金条件的限制，不可能满足所有的养护需求，这就需要决策者按照一定标准对各项目的重要度进行排序，为养护决策方案的制定提供依据。排序法的关键在于排序指标和排序方法两个方面，一般所考虑的指标主要有路面使用性能指标、交通量、道路等级、路龄及相关经济因素和政策因素等。

③ 线性规划（Linear Programming，LP）

线性规划是运筹学中最基本和最经典的问题，从纯数学的角度上讲，就是一个特殊的条件极值问题。线性规划的求解算法很多，从1947年Dantzig提出经典的单纯形算法（Simplex Method）以来，先后出现了Khachyian多项式算法、Karmarkar内点算法、Todd算法、Tärdos算法等多种方法。整数规划（Integer Programming，IP)作为线性规划的一类特殊问题,在许多优化决策问题中得到应用,其求解算法主要有割平面法和分支定界法两类。对于整数规划中特殊的0～1规划问题,则主要通过全枚举法和隐枚举法进行求解。对于路面养护决策问题,其优化目标函数形式主要是路网效益最大、养护费用最小、养护质量水平最高等,因此可选取对路面状态采取相应措施的道路所占比例作为决策变量,或者某一路段是否采取养护措施作为0～1决策变量,在各种约束条件下构造线性规划或整数规划模型。但是,由于路网的庞大,在实际决策优化的过程中,决策者所面对的往往是大规模线性规划问题,导致模型计算求解非常困难。因此,在实际应用中产生了许多近似优化的思想和方法,其中集成类方法的基本思想是将大规模问题分解和简化,这对于减小决策问题规模,降低模型计算量非常有效。

　　线性规划广泛应用于资源分配、生产计划、运输调度、财务管理等领域,因其能够提供明确的最优解决方案而受到青睐。在路面养护管理中,线性规划被用来优化养护资源的分配,以达到延长路面寿命、提升路面服务水平的目的,同时尽量减少养护成本。例如,管理者可能需要决定在有限的预算和人力资源下,如何分配这些资源以对不同路段进行养护,从而确保整个路网的最佳性能。这时,决策变量可能包括各路段的养护类型、养护频次和养护时间等;目标函数可能是最小化总养护成本或最大化路网的整体服务质量;而约束条件则可能包括预算限制、养护人力资源限制、养护作业时间窗口限制等。通过建立线性规划模型,可以科学地规划养护活动,合理地利用有限资源,实现路网养护管理的高效与经济,确保道路运输系统的稳定运行和安全性。

　　④ 动态规划(Dynamic Programming，DP)

　　动态规划是20世纪50年代由美国Bellman提出的,其理论基础是Bellman最优性原理(任何一个最优策略只能由最优的子策略组成)和Bellman递推公式,是求解多阶段决策优化问题的一种有效方法。对于线性规划的求解算法,并不像线性规划的单纯形法那样存在通用的算法,一般的求解思路主要有逆序解法和顺序解法两类,具体的求解方法比较多,有常规算法、函数逼近法、状态轮换迭代法、时段轮换迭代法、微分动态规划法等,近年来许多学者又提出了动态规划的改进算法、并行算法、分层解法等新方法。动态规划通常分为两个步骤:首先是确定最优解的结构,接着是自底向上地计算子问题的最优解并存储这些结果,以供上层问题引用,直至解决最初的问题。

在路面养护管理中，动态规划可用于优化养护决策，特别是在资源有限的情况下，合理安排养护活动，以延长路面的使用寿命并降低整体维护成本。路面养护管理是典型的多阶段决策问题，其中包括决定哪些路段在何时进行何种类型的养护。例如，管理者需要基于路面当前状态、预期寿命、养护成本和预算约束等因素来决定养护策略。通过动态规划，可以将这个问题分解为一系列决策阶段，每一个阶段对应于路面养护的一个决策点，如养护类型选择、养护时间安排等。每一个阶段的决策都依赖于当前路段状态和前一阶段的决策结果。动态规划通过评估所有可能的养护活动组合及其对路面性能和养护成本的影响，使管理者能够制订出成本效益最高的养护计划。

在具体应用中，动态规划能够帮助识别出在整个规划期内成本最低的养护策略，并考虑到养护活动对未来路面状况的长期影响。这种方法不仅考虑了立即的养护需求和成本，还考虑了长期的路面性能保持和资金利用最优化，确保了养护资源的有效分配。通过动态规划，路面养护管理能够实现更加精细化和前瞻性的规划，显著提升了道路网络的服务质量和经济效益。

⑤ 马尔可夫决策规划（Markov Decision Programming，MDP）

马尔可夫决策过程是一种数学框架，用于在具有不确定性结果的情境中建模决策制定问题，它为理解和设计学习算法，特别是在强化学习领域，提供了强有力的理论基础。一个 MDP 由四个主要部分组成：状态（State）、动作（Action）、转移概率（Transition Probabilities）以及回报（Rewards）。在 MDP 框架中，决策者（或智能体）通过从当前状态中选择动作，并根据转移概率转移到新的状态，同时接收一个回报（或成本），这个回报通常与所采取的动作和转移到的新状态有关。决策者的目标是最大化长期回报，这要求智能体不仅考虑立即的回报，还要考虑未来的回报。

在路面养护管理中，MDP 可以用来制定和优化养护策略。在这个应用场景中，每一种路面状态（如新铺设、轻微磨损、中度磨损、严重损坏）可以被视为 MDP 中的一个状态。动作则对应于不同的养护决策（如无行动、进行小修、中修或重修）。转移概率描述了在给定的养护决策下，路面状态从当前状态转移到另一个状态的概率，这些概率反映了养护行动对延长路面使用寿命的效果以及各种外部因素（如交通负荷、气候条件）的影响。回报函数则基于路面养护的总成本和效益来定义，通常旨在使长期养护成本最小化，同时使路面的使用寿命和性能最大化。通过将路面养护管理问题建模为 MDP，决策者可以运用强化学习和其他优化算法来确定最优养护策略。这种方法能够考虑到路面养护活动的长期效果和成本效益，帮助管理者制订更加经济和高效的养护计划。例如，MDP可以帮助预测在特定预算限制下，采取何种养护活动组合能够使路面整体状况最大化改善。此外，MDP还允许考虑不确定性因素，如养护活动的实际效果和未来交通的增长，使得养护决策更加鲁棒。

总之，马尔可夫决策过程为路面养护管理中的应用提供了强大的工具，用于在不确定性和多变性环境下做出养护决策。通过精确建模状态转移和回报，MDP使得养护管理者能够基于全面和长期的视角来优化养护策略，从而在确保道路安全和可靠性的同时，实现成本效益最大化。

（2）人工智能优化方法

① 遗传算法（Genetic Algorithm，GA）

遗传算法是1965年由美国密歇根大学的John Holland教授提出的一种智能搜索算法，是利用自然选择和生物进化思想在高维空间中寻优的启发式算法，多年来在工程优化、信号处理、模式识别、管理决策、智能系统设计和人工生命等领域内得到了广泛应用，成功解决了运输问题、作业分配问题、0～1规划问题、连续区域函数优化、多峰函数优化等问题。遗传算法具有收敛速度快、计算时间短等优点，其关键因素在于系统初始化与编码方案、遗传算子的确定、交叉率和变异率的选择、迭代中止条件等，但同时也存在难以求得最优解、连续空间离散化、采用随机优化技术所费时间长、局部搜索能力弱等缺点，因此在路面养护管理决策优化领域的应用还较少。

遗传算法是一种受自然选择和遗传学启发的搜索和优化算法，它通过模拟自然进化过程来解决复杂的优化问题。遗传算法的基本思想是从一个候选解的种群（即一组可能的解）开始，然后重复应用选择（Selection）、交叉（Crossover）和变异（Mutation）操作来生成新的解的种群。在这个过程中，适应性较好的个体被选中以产生后代，而适应性较差的个体则被淘汰。通过这种方式，算法逐渐逼近问题的最优解。遗传算法的关键特性之一是它能够同时探索解空间的多个区域，从而避免局部最优解，增加找到全局最优解的可能性。

在路面养护管理中，遗传算法可以被用于优化养护计划和策略。对于这一应用，每个候选解代表一套可能的养护决策，包括养护的类型、时间和分配的资源等。解的适应性由评价函数（或称为适应度函数）来衡量，该函数通常考虑养护成本、道路状况改善以及对交通流的影响等多个因素。通过遗传算法，可以在解的种群中模拟进化过程,逐步找到最佳或近似最佳的养护策略,以达到成本效益最大化或其他预设目标。遗传算法在路面养护管理中的应用使得管理者能够从一个更广泛的解空间中寻找最优养护计划,特别是在面对多目标、多约束和高度复杂的决策环境时。例如,遗传算法可以帮助确定哪些路段应优先进行养护,以及如何在有限的预算内分配资源,以使整个道路网络的性能和寿命最大化。此外,遗传算法的灵活性还允许考虑多种不确定性因素,如养护活动的实际效果、未来交通量的变化以及环境因素的影响。

综上所述,遗传算法通过模拟自然选择和遗传机制,提供了一种强大的工具来解决路面养护管理中的优化问题。它能够有效地处理复杂、多变量和多目标的决策问题,为路面养护管理者提供科学、系统和高效的决策支持。

② 人工神经网络(Artificial Neural Network,ANN)

人工神经网络是一种模仿生物神经网络行为的计算模型,尤其是人脑的处理方式。它们由大量的节点(或称为"神经元")组成,这些节点通过可调节的连接权重相互连接。每个节点接收输入,对其进行加权求和,然后可能通过一个非线性函数(激活函数)传递输出到其他节点。这种结构使得人工神经网络特别适合于从复杂或不明确的数据中识别模式和趋势。通过训练过程,网络能够自动调整连接权重,以此学习完成特定任务,无论是分类、回归、聚类还是特征提取任务。

在路面养护管理中,人工神经网络的应用提供了一种强大的方法来预测和评估道路的状况,以及制定有效的养护策略。例如,通过分析历史养护数据、道路使用情况以及环境影响等因素,神经网络可以预测特定路段未来的损耗程度和可能出现的问题。这使得养护管理者能够更加精确地确定哪些路段需要优先养护,以及何时进行养护,从而提高养护资源的使用效率和道路网络的整体性能。此外,人工神经网络还可以用于优化养护活动的选择和调度。通过训练网络识别不同养护措施对道路状况改善的效果,管理者可以根据网络的预测来选择最合适的养护方法和时间,以使养护成本和对交通的干扰最小化。人工神经网络因其处理大量数据和复杂关系方面的能力成为评估和优化路面养护计划的理想工具。

总之,人工神经网络在路面养护管理中的应用展示了其在模式识别、预测分析和决策支持方面的强大潜力。通过利用历史数据和实时信息,神经网络能够帮助养护管理者制订更科学、高效和经济的养护计划,进而提高道路安全性和驾驶舒适度,延长道路寿命。随着技术的进步和数据获取手段的改善,预计人工神经网络将在路面养护管理领域发挥越来越重要的作用。

③ 模糊集理论(Fuzzy Set Theory)

模糊集理论是 20 世纪 70 年代由美国的 Zadeh 教授通过提出"不相容原理"创立的,并产生了一个新的数学分支——模糊数学。与传统的二元逻辑和集合理论不同,模糊集理论允许元素具有部分属于某个集合的属性,这通过介于 0 和 1 之间的隶属度来量化。这种方法特别适用于处理现实世界中的不精确性、模糊概念和连续变量,如"高温""远距离"或"轻度磨损"等,它们无法通过传统的是或否(1 或 0)逻辑准确描述。

在路面养护管理中,模糊集理论的应用为处理道路状况的不确定性和主观评估提供了一种有效的方法。道路养护管理面临的一个主要挑战是如何准确评估路面的状况和确定养护的优先级,这通常依赖于不完全或模糊的信息,比如路面损坏程度的视觉评估或路面使用强度的估计。通过使用模糊集理论,可以将这些模糊概念数学化,允许养护管理者以更灵活和逼真的方式来描述和分析路面状况。例如,模糊集可以用来表示路面损坏的不同等级,如"轻微""中等"和"严重",每种损坏等级可以根据损坏的特征和严重性赋予不同的隶属度,这使得养护决策过程能够综合考虑不同类型和程度的路面损坏,以及它们对路面整体状况的综合影响。此外,模糊逻辑可以用于制定养护策略,通过构建模糊规则,例如"如果路面损坏程度为中等且交通量大,则养护优先级为高",来帮助管理者确定哪些路段应该优先进行养护以及选择最合适的养护类型。

模糊集理论在路面养护管理中的应用还包括优化资源分配、预测路面寿命以及评估养护活动的效果。它为养护管理提供了处理不确定性和主观评价的工具,有助于提高决策的准确性和效率。随着道路网络日益复杂和养护资源的限制,模糊集理论及其在路面养护管理中的应用将越来越重要,为确保道路安全和可靠性提供科学的决策支持。

3.3.2 养护资金多目标优化方法

1. 权重法

权重法是处理多目标优化问题的一种直观方法。在该方法中,每个目标函数都被分配一个权重,表明了该目标相对于其他目标的重要性。通过这些权重,多个目标函数被整合成一个单一的加权总和目标函数。然后,通过优化这个加权总和目标函数来寻找解决方案。具体来说,如果有 N 个目标函数,每个

目标函数 $f_i(x)$ 都有一个相应的权重 w_i，则加权总和目标函数可以表示为：

$$F(x) = \sum_{i=1}^{N} w_i f_i(x)$$

权重法的主要优点在于简单性和直观性，易于实现，并且能够为决策者提供清晰的方式来表达不同目标间的相对重要性。然而，这种方法也有其局限性。首先，选择合适的权重组合可能非常困难，尤其是在目标之间的相互关系不明确或决策者对目标偏好不确定的情况下；其次，权重法可能无法发现帕累托前沿上的所有有效解，尤其是在目标函数高度冲突或非凸的情况下；最后，权重的微小变化可能会导致解的大幅度变化，使得探索整个解空间变得更加复杂。

2. 约束法

约束法是另一种解决多目标优化问题的策略，它将一个或多个目标转换为约束条件，而将另一个目标保留为需要优化的目标，这种方法允许决策者专注于最优化主要目标，同时确保其他目标达到可接受的水平。具体来说，如果有主要目标函数 $f_1(x)$ 和其他次要目标函数 $f_2(x)$、$f_3(x)$、$f_N(x)$，次要目标会被转换成形式为 $f_i(x) \leqslant b_i$ 的约束条件，其中 b_i 是第 i 个目标对应的预设阈值。

约束法的关键在于确定次要目标的阈值，这些阈值定义了其他目标达到满意水平的条件。通过调整这些阈值，决策者可以探索不同的优化解，从而获得在主要目标和次要目标之间不同权衡的解集合。

约束法的主要优点是它提供了相对直观的方式来处理多目标问题，特别是当存在明确的主要目标时。此外，它简化了优化过程，因为只需要优化一个目标函数。然而，约束法也存在一些局限性。首先，如何选择合适的阈值可能是一个挑战，特别是在缺乏关于目标函数期望行为的先验知识时，阈值设置过高或过低都可能导致非理想的解；其次，这种方法可能无法揭示目标之间的全部权衡关系，因为它通过固定阈值限制了解的探索空间；最后，当目标数量增加时，确定所有目标的适当阈值组合以及管理这些约束变得更加复杂。

3. ε-约束法

ε-约束法是在多目标优化中广泛使用的方法，它通过将除一个主要目标外的所有其他目标转换为具有特定阈值的约束条件来工作，这个阈值被称为 ε，它限定了这些次要目标的可接受最大（或最小）值。与传统的约束法不同，ε-约束法系统地变化 ε 值来生成一系列解，这些解揭示了不同目标间的权衡关系。通过这种方式，ε-约束法能够在多目标优化问题的可行解空间中探索帕累托前沿。当实施 ε-约束法时，主要目标函数被优化，而其他目标函数被转换为形式如

$f_i(x) \leqslant \varepsilon_i$ 的约束,其中每个 ε 值代表对应目标的性能界限。通过逐步调整 ε 值,并针对每组 ε 值解决优化问题,可以构建出一系列解,这些解映射了目标间的权衡。

ε-约束法的优点在于它提供了一种相对直接的方法来探索多目标优化问题的帕累托前沿,特别是当帕累托前沿的形状未知时,它允许决策者通过改变 ε 值来直接影响次要目标的约束水平,从而更灵活地探索解空间。然而,这种方法的挑战在于如何选取和调整 ε 值。不恰当的 ε 值设定可能会导致解空间的某些区域被忽略,或者生成大量非帕累托最优解。此外,ε-约束法在面对多个次要目标时可能需要大量的计算,因为它需要对多组 ε 值组合进行优化计算。尽管存在这些挑战,但是 ε-约束法仍然是一种有效的多目标优化工具,尤其适用于需要系统地探索目标权衡的场景。

4. 帕累托前沿方法

帕累托前沿方法专注于在多目标优化问题中直接探索帕累托最优解集合,这些方法不是将多目标问题简化为单目标问题,而是试图找到一组解,其中任何解的某个目标无法得到改善,除非牺牲至少一个其他目标。帕累托前沿是由所有这些帕累托最优解组成的集合,它代表了不同目标之间最佳的权衡。

帕累托前沿方法的优点是它们能够提供一个全面的解决方案集,为决策者展示不同目标之间可能的权衡,这是尤为重要的,因为在多目标优化中,往往不存在单一的"最佳"解,而是有许多潜在的解决方案,这取决于决策者对不同目标的偏好。实现这种方法的技术包括多目标进化算法[如非支配排序遗传算法Ⅱ(NSGA-Ⅱ)和强度帕累托进化算法 2(SPEA2)]以及其他基于群体的搜索策略,如多目标粒子群优化(MOPSO)。这些算法通过模拟自然选择和种群进化的过程,迭代地生成一系列越来越接近帕累托前沿的解集合。

尽管帕累托前沿方法在提供全面的解集方面非常有用,但它也面临着一些挑战。首先,尤其是在解空间维度很高的情况下,计算帕累托前沿可能非常复杂和耗时;其次,当帕累托前沿包含大量解时,决策者可能难以从中选择一个特定的解决方案。因此,这些方法通常需要与决策支持工具结合使用,帮助决策者根据他们的偏好确定最终选择。

5. 多目标进化算法(MOEAs)

多目标进化算法(MOEAs)是一类使用进化计算原理来解决多目标优化问题的算法,它们通过模拟生物进化中的自然选择和遗传机制,如选择、交叉(杂交)和变异,来逐代改进解的种群。MOEAs 旨在生成一系列逼近帕累托前沿的解,即不同目标间最佳权衡的解集合,这些算法特别适用于目标函数复杂、解空间大且目标冲突的问题。

典型的 MOEAs 包括非支配排序遗传算法Ⅱ(NSGA-Ⅱ)、强度帕累托进化算法 2(SPEA2)和多目标差分进化(MODEs)等。NSGA-Ⅱ是最广泛使用的 MOEAs 之一,它通过快速非支配排序和拥挤距离计算来保持解的多样性,有效地探索解空间并找到帕累托最优解。SPEA2 通过维护一个外部精英集合来改善算法的收敛性和解的多样性。

MOEAs 的主要优势在于它们能够同时处理多个目标,不需要将多目标问题转化为单目标问题,且能有效地探索包含非凸或非连续帕累托前沿的解空间。此外,这些算法能够自然地保持解的多样性,避免早熟收敛到局部最优解。然而,MOEAs 也面临一些挑战。它们通常需要较多的计算资源和时间,尤其是当问题的维度增加或解空间增大时。此外,确定算法参数(如种群大小、交叉和变异率)对于算法性能有重要影响,但往往难以事先知道最佳设置。最后,尽管 MOEAs 能够生成一组解,决策者仍需要从这些解中选择一个最终方案,这可能需要额外的决策支持工具或方法。尽管存在这些挑战,MOEAs 因其强大的全局搜索能力和灵活性,在多目标优化领域得到了广泛的应用。通过持续的研究和发展,这些算法正变得更加高效和易于使用,为解决复杂的实际问题提供了有力的工具。

第四章

公路建设养护资金预算管理分析

预算管理是一种系统的财务规划和控制方法，旨在通过合理的资金分配和开支预测，确保项目的经济可行性、高效运作和资源的最优利用。在公路建养领域，预算管理是指在建设和养护工程的各个阶段，通过综合考量基价、工程数量和费率等因素，精确计算直接费用、其他直接费、现场经费、间接费和利润，以达到对养护工程成本的有效掌控和合理分配的管理手段。预算管理是按照国家以及省市关于预算的要求进行，其目标在于确保充足的资金支持，提高工程执行的经济效益，以及实现公路建养工程的可持续发展。通过有效的预算管理，公路建养项目能够更好地应对各种挑战，确保项目的财务健康和长期可维护性。

4.1 预算管理方法

预算方法是在预算管理中所采用的具体编制方法。因环境、技术、成本等因素不同，所采取的预算方法也不一样。根据管理的不同要求，可将预算方法分为不同类别。按预算范围是对全部活动还是只对局部活动，可分为全面预算和局部预算；按业务量水平是否固定，可分为固定预算和弹性预算；按预算是否依据以前年度数据，可分为增量预算和零基预算；按预算期间是否固定，可分为定期预算和滚动预算；按预算规定的松紧度，可分为标准预算（即对各预算项目都严格规定标准）和目标预算（只规定预算的目标，并不对所有项目作规定）；按预算变动性大小，可分为刚性预算和柔性预算；按预算确定性，可分为确定预算和概率预算；按预算项目是否按常规分类，可分为常规预算和作业预算。本书着重对公路建养预算管理常用概念进行界定和梳理。

1. 固定预算

固定预算方法又称为静态预算方法，当使用固定预算方法编制预算的时候，不管实际达到的活动水平如何，预算指标都根据事前预测的情况而保持不变。采用固定预算方法编制的预算称为固定预算。在固定预算中，预算是根据事前预测的情况来编制的，但实际生产或销售数量有可能并非如此，最终评价业绩的时候却没有根据调整以后的数量对业绩进行衡量，也就是说，没有考虑数量波动的影响，而只是比较了总的预算数额与实际数额之间的差异，包括了数量波动的影响。

（1）优点

① 简单明确：固定预算的制定相对简单，它为项目提供了一个固定的资金限额，使得组织在规划和执行阶段更容易掌握成本，这种简明的结构有助于快

速决策和资源分配。② 成本控制:固定预算有助于严格控制成本,因为项目团队必须在既定的预算内完成任务,这可以促使团队更加注重效率和成本效益,减少浪费和不必要的支出。③ 预测稳定性:固定预算提供了对未来支出的相对稳定性和可预测性,有助于企业在经济不稳定时更好地规划和管理资源。

(2) 缺点

① 创新受限:固定预算可能限制了项目团队的创新性和灵活性,因为被要求在固定的预算框架内完成任务,难以应对项目变更和突发事件。② 风险应对不足:当面对不可预见的风险和挑战时,固定预算可能缺乏弹性,难以应对额外的开支,这可能导致项目的延误或质量受损。③ 不适应变化:若市场环境或项目需求发生变化,固定预算可能不够灵活,难以适应新的条件,进而导致资源不足或过度投资的问题。

因此,固定预算适用于需求相对稳定,不容易受到外部变化影响的项目;对成本控制和财务规划有较高要求的组织;较为简单且规模较小的项目。

2. 弹性预算

弹性预算方法又称变动预算法、滑动预算法,是指以变动成本法为基础,根据未来不同业务水平编制预算的方法,是相对于固定预算而言的。它是指以预算期间可能发生的多种业务量水平为基础,分别根据所确定与之相关的费用数量、可以适应多种业务量水平的费用而编制的预算,能够分别反映在各业务量的情况下相应开支(或取得)的费用(或利润)水平。由于这种预算可以根据业务量水平的变化来反映该业务量水平下的各项支出控制数,具有一定的灵活性,因而称为"弹性预算"。采用弹性预算方法编制成本预算时,关键在于把所有的相关成本划分为变动成本与固定成本两部分。变动成本主要根据单位业务量进行控制,固定成本则按总额进行控制。

(1) 优点

① 适应性强:弹性预算更具灵活性,允许根据实际情况和项目需求进行调整,这种适应性使得组织能够更好地应对变化和风险,确保项目的顺利进行。② 创新鼓励:弹性预算为项目提供了更大的创新空间,因为可以根据需要调整预算以支持新的理念和解决方案。③ 资源优化:弹性预算允许项目更灵活地优化资源分配,根据不同阶段的需求合理配置资金,提高资源利用效率。

(2) 缺点

① 复杂性增加:弹性预算的管理可能相对复杂,需要更多的监测和调整,以

确保预算的合理使用,这可能需要更多的人力和时间投入。② 不确定性:弹性预算可能引入不确定性,因为预算的变化可能会导致项目难以准确预测和规划成本。③ 管理挑战:弹性预算要求高水平的管理技能,包括及时的决策和更有效的监控,以确保预算的灵活性不会导致资源浪费或失控。

因此弹性预算适用于需求变化较为频繁,需要灵活应对市场变化和竞争压力的项目;对创新和项目成功更为注重的组织;复杂、大规模的项目;需要更高程度的灵活性和适应性的项目。

4.2 预算编制过程

预算编制过程是公路建养工程中的关键环节,它涵盖了数据收集、估算方法选择、费率计算等多个步骤,确保了预算的准确性和合理性。预算编制过程主要包括的事项有:

1. 数据收集

在公路建养预算编制过程中,数据收集是关键而复杂的步骤。首先,项目背景数据的收集涵盖了技术规格、设计图纸和施工计划的获取,这有助于深入了解工程的具体要求和执行计划。其次,材料和设备成本信息的获取包括对材料价格指数和设备租赁费用的调查,以确保对不同建材和设备费用的准确了解。劳动力成本和相关数据的收集则包括人工费用和工时标准的明确,为劳动力成本的计算提供了基础。工程环境因素是要考虑的另一个重要方面,包括地理和气象因素,以及它们对施工的潜在影响。历史工程数据的分析是通过查阅过往类似工程的经验数据和实际支出数据,提供更为全面的预算依据。项目特殊要求和可行性研究数据的考虑有助于全面了解项目中可能存在的特殊需求和风险,以确保预算的可行性。此外,地区差异和通货膨胀率的综合考虑,能够调整费用以适应不同地区和通货膨胀条件。最后,其他相关数据的获取包括环境评估报告和政策法规的变化,有利于确保预算全面考虑项目的各个方面,为后续的估算和费率计算提供坚实的数据基础。全面而细致的数据收集过程为公路建养预算的科学编制提供了可靠的基础。

2. 估算方法的选择

估算方法的选择是公路建养预算编制过程中至关重要的一步。在这一阶段,需要仔细权衡各种估算方法的优劣,以确保最终预算的准确性和可靠性。首先,估算方法的选择需根据具体工程的特点和要求。例如,单位工程造价法适用于有明确工程量的项目,而工程量清单法更适用于需要详细列示各项工程量的情况。其次,考虑到工程的复杂性和不确定性,可能需要综合运用多种估算方法,以提高预算的全面性。在公路建养工程中,常常会结合参数估算法,通过将历史数据和项目特定参数结合,更精准地估算各项费用。估算方法的选择还需要考虑数据的可获得性和准确性,以确保估算的可行性。细致的选择和权衡有助于确保估算过程的科学性,为后续的费率计算和最终预算的制定提供坚实的基础。

3. 费率计算

费率计算是公路建养预算编制过程中的关键步骤,其准确性直接影响最终预算的可行性。首先,费率计算涉及直接费用的确定,这包括基价的选定,通常是根据预算定额和建筑工程市场价格确定。年均养护维修工程量也是直接费用计算的重要组成部分,需要考虑工程的规模和类型,以确保费用计算的精准性。其次,其他直接费和现场经费的费率计算需要根据实际情况确定,这可能包括人工费率、设备费率、差旅费率等,这些费率通常基于行业标准和当地市场行情。最后,间接费和利润的费率计算涉及整体工程费用的管理和监督,这部分的费率计算通常以各类工程的直接工程费之和为基数,确保包含了所有相关的费用,并按一定比例计算。费率计算需要综合考虑各项费用的变化和项目的特殊要求,以确保最终的费率能够准确反映项目的实际情况。这一步骤的精确性和细致性对于整个预算的准确性至关重要。通过费率计算,预算编制能够将直接工程费、其他直接费、现场经费、间接费和利润等各个方面的费用以合理的方式纳入最终预算中,为项目提供经济合理的资金支持和管理依据。

在费率计算过程中,固定预算更强调限制性,费率的设定相对静态,不容易随着外部环境的变化而调整。费率计算中可能采用固定的标准和预算定额。弹性预算在费率计算中更注重动态适应,可能允许费率在一定范围内变动,以更好地适应外部环境的变化。费率计算中可能包含对不同情景的灵活应对。

4. 直接费用计算

直接费用计算是公路建养预算编制过程中至关重要的一环,它涉及基价的选定以及与之相关的年均养护维修工程量的精确计算。首先,基价的确定是直接费用计算的关键,通常参考预算定额和当前建筑工程市场的价格水平,这需要考虑到不同材料和劳动力的成本变化,确保基价与实际情况相符。其次,年均养护维修工程量的计算涉及对工程规模和类型的准确估算,这包括对不同养护工程项目的数量、频率和具体要求的详细分析,以确保年均养护维修工程量的合理性。这一过程需要充分考虑工程的特殊性,如不同季节、气象条件等对养护工程的影响。直接费用计算还需要充分协调不同工程项目之间的关联性,确保各项费用都得到合理考虑。通过精确的直接费用计算,预算编制能够将基价和年均养护维修工程量合理结合,得到准确的直接费用,这为最终的预算提供了坚实的基础,确保了资金的合理分配和项目的经济可行性。

5. 其他直接费和现场经费计算

在公路建养预算编制过程中,除直接费用外,还需要计算其他直接费和现场经费,这一步骤涵盖了各类工程实际操作和现场管理的费用,对于确保整个预算的全面性和准确性至关重要。

首先,其他直接费的计算需要根据直接工程费和相应的费率进行,这包括人工费、设备费、差旅费等,这些费用通常依赖于行业标准和当地市场行情。人工费率会考虑到不同技术人员和操作工的工资水平,设备费率则反映了设备的租赁成本,差旅费率涉及出差和现场管理的相关开支。其次,现场经费的计算也是在直接工程费的基础上进行的。这一部分费用涉及现场管理、监督和协调的各个方面,包括现场办公室的设立、现场人员的薪酬、差旅费用等。现场经费的合理计算需要充分考虑项目的规模和复杂性,确保管理和执行团队的需求得到充分满足。

其他直接费和现场经费的计算过程需要谨慎操作,确保各项费用都得到充分考虑,不遗漏任何可能对项目产生影响的因素。这一步骤的准确性和细致性有助于构建更为真实和全面的预算,为项目提供充足的财务支持,同时确保各项操作和管理活动能够得到适当的经济保障。通过精心的费用计算,预算编制能够将各项其他直接费和现场经费合理纳入最终预算中,为工程的经济性和成功实施提供坚实的基础。

6. 间接费计算

公路建养预算编制过程中,间接费的计算是确保全面考虑整个工程费用的关键环节。间接费的计算通常以各类工程的直接工程费之和为基数,这包括了与工程整体管理和监督相关的各项费用,如项目管理人员薪酬、办公室租金、监理费等。确保这些间接费用能够充分覆盖项目的全过程,包括设计、施工、养护等各个阶段。

间接费的计算过程需要充分理解工程的各个方面,并对行业标准和市场条件有深刻了解。在计算中需要考虑到潜在的变化和风险，以确保最终的间接费能够反映项目的实际情况，并在经济合理范围内保障项目的成功实施。通过准确计算间接费，预算编制能够将整个工程的全生命周期费用合理考虑，为项目的经济可行性和长期可持续性提供坚实的财务基础。

7. 调整和审查

公路建养预算编制的最后阶段是调整和审查，这一过程旨在确保整个预算的准确性、合理性和可行性。首先，进行费率的调整是为了反映实际情况和项目的特殊要求。费率的修订可能受到市场波动、材料价格的变化、劳动力成本的波动等多方面因素的影响。通过综合考虑这些因素，费率的调整能够更好地反映当前的经济环境和项目的具体情况。其次，对整个预算的审查是确保各项费用和计算都经过合理检查的关键步骤。在这一过程中，需要对数据源、估算方法、费率的选择和调整、工程量的计算等进行详细的检查，这有助于捕捉潜在的错误、遗漏或不一致之处，确保预算的准确性和可靠性。调整和审查的过程还包括对可能的项目变更的考虑。在项目进行过程中，可能会出现一些变更，例如设计调整、施工计划的修改等。这些变更可能会对预算产生影响，因此需要对其进行审查，并进行相应的调整，确保预算的实时性和适应性。最终，编制预算的过程涉及整合各项调整和审查的结果，确保各项费用项目的详细情况和计算都得到了充分的考虑。最终预算需要清晰明了地展示各项费用项目的详细情况，以及其与整个工程的关联性和依赖性。这样细致的调整和审查过程有助于建立准确可行的公路建养预算，为项目提供经济合理的资金支持，确保工程的成功实施。

8. 编制最终预算

在公路建养预算编制过程的最终阶段，将通过调整、审查和整合各项数据和费用项目，形成最终预算，这一步骤需要将调整后的费率、修订的费用数据以及项目变更等因素纳入考虑，确保最终预算能够真实准确地反映项目的整体经济状况。

首先，费率的调整应经过精心考虑和审查，以确保其与实际情况相符。各项费率包括直接费用、设备购置费、多次转场费、其他直接费、现场经费、间接费和利润等，都需按照最新的市场行情、劳动力成本、材料价格等进行修正，以适应当前的经济环境。其次，调整后的各项费用数据需要在审查中得到确认。审查过程涉及对数据源、估算方法、费率计算的详细检查，确保各项数据的可靠性和一致性。同时,对项目变更的审查也是确保预算适应性的关键,因为它能够捕捉并反映在工程进行过程中可能发生的变更。最终预算的编制还需要整合所有的费用项目,清晰地呈现在一份详细的文档中,这包括了各个阶段的费用,如勘察和规划、设计、建设、养护和维护、交通管理、环保和生态保护等,确保每个阶段的支出都得到了合理考虑。

固定预算在最终预算编制中可能更强调静态的编制,即将每项费用项目的预算数额精确汇总,形成总体的静态预算。弹性预算在最终预算编制中更注重动态整合,可能包含对各种可能的调整和变更的考虑,以形成更灵活和适应性强的最终预算。通过编制最终预算,能够为公路建养项目提供全面而精确的财务计划,为项目的经济可行性和成功实施提供坚实的基础。最终预算的透明性和合理性对于各方利益相关者建立信任以及整个工程的长期稳健运行至关重要。

9. 文档记录

在公路建养预算编制过程中,文档记录是确保整个过程透明、可追溯性和易于管理的关键环节,这一步骤旨在详细记录和存档所有与预算编制相关的信息,以便将来的审计、监督和项目管理。

首先,文档记录涉及对费率调整的详细说明,需要清晰地记录每一项费率的调整原因、依据以及所采用的具体数据源,这有助于审计团队和相关利益者了解费率的修订背后的逻辑和合理性。其次,对于调整后的费用数据,文档记录需要详细描述每一项费用的计算过程和数据来源,这包括直接费用、其他直接费、现场经费、间接费和利润等各个方面的费用项目。通过清晰的文档记录,可以使整个费用计算过程具有可验证性和可审查性。另外,文档记录还需要包括对项目变更的记录和说明。任何关于设计变更、工程范围的调整或其他项目变更的信息都应被详细记录,以确保预算的适应性和精确性。最终预算的文档记录也需要明确各个费用项目的分类和归属,包括勘察和规划阶段、设计阶段、建设阶段、养护和维护阶段等,这样的分类有助于项目管理,使各个阶段的费用和支出更加透明和可控。

通过充分而清晰的文档记录,能够为预算的合理性和可信度提供坚实的证据,这不仅有助于内部审计和管理,还为与利益相关者的沟通和合作提供了有力支持。文档记录的健全性对于公路建养项目的整体成功和长期管理至关重要。

4.3 公路建养预算构成

4.3.1 公路建养工程组成

公路建养工程的全过程涵盖了勘察和规划、设计、建设、养护和维护、交通管理、环保等多个方面。

1. 勘察和规划

在公路建养工程的勘察和规划阶段，首先进行详尽的交通调查，深入了解周边地区的交通流量、车辆类型以及通行需求，以确立合理的交通规划。同时，进行地形和水文调查，详细勘察工程区域的地形特征、土壤状况和水文条件，为后续设计提供准确的基础数据。这一阶段的目标是全面了解项目的背景和环境，为规划和设计工作提供科学依据，确保公路系统的最佳布局和可持续性。通过精准的勘察和规划能够有效解决交通需求、地形复杂性和水文状况等多方面的挑战，为公路工程的顺利实施奠定坚实的基础。

2. 设计阶段

公路建养工程的设计阶段应展开全面而精密的工作，以确保公路系统的安全、高效和可持续性。首先，进行线路设计，细致考虑道路的水平和垂直布局，以保证在设计速度下的平稳通行，并兼顾环境因素，提高道路的安全性和美观度。同时，进行结构设计，对桥梁、涵洞、隧道等关键交通设施进行详尽设计，包括结构材料的选择、尺寸的计算以及承载能力的评估。此外，排水设计也是设计阶段的重要组成部分，旨在制定科学合理的排水方案，以确保道路在降雨等极端条件下不受积水困扰，从而降低水患风险。通过设计阶段的系统工作，能够实现对公路系统各方面的综合考虑，为后续建设提供翔实且可行的设计方案，以满足交通需求、确保结构稳固，并符合环境友好的原则。

3. 建设阶段

在公路建养工程的建设阶段，设计方案得以具体实施，项目进入实质性的建设和施工阶段，这包括对道路基础和路面的施工，通过土石方工程、路基处理和路面铺设，确保公路结构的牢固承载和耐久性。同时，进行桥梁、涵洞和隧道的建设，包括基础建设和梁体浇筑等关键工程，以满足设计要求并保证这些交通设施的可靠性。在交叉口和标线的设置方面，根据道路设计方案进行具体操作，确保交叉口的交通信号、标线和标识的合理设置，提高通行效率和交通安全，这一阶段还包括对道路结构、桥梁等关键部位的质量监督和检查，以确保建设符合设计标准，达到预期的安全性和可靠性。通过建设阶段的系统工作，公路工程逐渐从蓝图变为现实，实现了对设计理念的具体落实，为未来的使用和养护提供了坚实的基础。

4. 养护和维护

在公路建养工程的养护和维护阶段，对已建成的公路系统进行全面管理，旨在保持其长期的安全、顺畅和可持续运行。路面维护是关键的一部分，包括定期检查路面状况、修补坑槽、处理裂缝以及进行路面重新铺设，以延长道路的使用寿命、提高行车舒适性。管理交叉口和交叉路段涉及对交通信号、标线、道路照明等设施的定期检查和维护，确保其正常运行，以提升交叉口的通行效率和交通安全。此外，对排水系统的维护也至关重要，应定期清理排水设施，防止积水和水患，维持道路的排水畅通。桥梁养护包括巡检、维护和修复工作，以确保桥梁结构的安全可靠。这一阶段也涉及环境保护和生态修复，采取措施保护沿途植被，减少土壤侵蚀和水土流失，以促进自然生态平衡。通过养护和维护阶段的系统工作，公路系统能够持续提供高质量的服务，同时降低运营成本，确保公路网络长时间内安全可靠地服务社会。

5. 交通管理

在公路建养工程的交通管理阶段，着重于优化交通流、提高道路通行效率和强化交通安全，该阶段的核心工作包括对交叉口设置的交通信号系统进行合理规划和维护，确保其符合交通流量变化的需要，提高交叉口的通行效率。同时，对交叉口的标线、交通标志和道路照明进行定期检查和更新，以保障驾驶员在复杂路况下的准确导航和道路安全。交通信号的科学设置对于道路通行的整体协调至关重要。此外，对交叉路段的交通管理也涉及交通标线和标识的合理设置，以增强道路使用者的交通安全意识。这一阶段还需要不断监测交通流，针对交通拥堵、事故等状况进行灵活地调整和改进，以保障道路系统在不同条件下的安全畅通。通过交通管理阶段的精心组织和实施，公路系统能够更好地适应不同交通需求，提升整体交通运输效能，提供更安全、更高效的道路服务。

6. 环保和生态保护

在公路建养工程的环保和生态保护阶段，重点关注于减少对周边自然环境的负面影响，采取一系列措施以保护生态系统和促进环境的可持续性。环保和生态保护涵盖植被保护和生态修复两个主要方面。首先，在植被保护方面，通过采取措施保护沿途植被，减少土壤侵蚀和水土流失，维护生态平衡。其次，在生态修复方面,通过在施工和维护过程中采用生态友好的做法,促进被破坏的自然环境的恢复和重建,这可能包括重新植栽植被、修复水体、保护动植物栖息地等措施,以最大限度地减少对当地生态系统的干扰。通过这一阶段的有针对性的环保措施,公路工程得以最大限度地保留自然生态特征,确保项目建设和运营对环境的负面影响最小化,促进可持续发展的理念在公路工程中的实践,这一过程不仅有助于维护自然生态系统的完整性,而且展现了对生态环境可持续性的关切和责任。

4.3.2 建养工程费用组成

1. 直接预算

养护直接预算是指在公路养护作业过程中耗费的构成养护工程实体的各项支出,包括人工费、材料费、施工机械使用费、其他直接费及现场经费等。

(1) 人工费

人工费是指直接从事公路养护作业的生产工人开支的各项费用支出,包括基本工资、工资性补贴、生产工人辅助工资、职工福利费等。

(2) 材料费

材料费是指在养护作业过程中耗用的构成工程实体的原材料、辅助材料、构(配)件、零件、半成品、成品的用量和周转材料的摊销量,按工程所在地的材料购买价格计算的费用,由材料原价、运杂费、场外运输损耗、材料采购保管费等构成。

(3) 施工机械使用费

施工机械使用费是指养护作业中耗用的施工机械台班数量,按相应的机械台班费用定额计算的施工机械使用费。台班单价由不变费用和可变费用组成。不变费用包括折旧费、大修理费、经常修理费、安装拆卸及辅助设施费等;可变费用包括上机人员人工费、动力燃料费、养路费及车床使用税。

(4) 其他直接费

其他直接费是指直接费以外的施工过程中发生的直接用于养护作业的费用,包括冬季、雨季、夜间施工增加费、施工辅助费、高原地区施工增加费、行车干扰工程施工增加费等。

(5) 现场经费

现场经费是指养护作业企业为施工准备、组织和管理施工生产所发生的全部施工间接费支出,包括基本管理费用和临时设施费、主副食运费补贴、职工探亲路费、职工取暖补贴、工地转移费。

2. 间接预算

建养间接预算由企业管理费、财务费用两项组成。

（1）企业管理费

企业管理费是指施工企业为组织施工生产经营活动所发生的管理费用，包括管理人员的基本工资、工资性津贴及按规定标准计提的职工福利费、交通差旅费、办公费等。

（2）财务费用

财务费用是指企业为筹集资金而发生的各项费用，包括企业经营期间发生的短期贷款利息净支出、汇兑净损失、金融机构手续费等费用。

4.3.3 建养工程费用计算

1. 各项费用计算方法

根据公路工程现行费用管理模式，费用管理主要以公路养护工程预算定额中的基价，以及各类养护工程的年平均日常养护维修数量为基础，计算得出各项目的年平均直接费。其他直接费和现场经费则根据实际工程特点进行估算。在直接工程费的基础上，通过费率的形式计算间接费、利润和税金，确保费率计算符合相关标准和规范，使其与直接费成比例关系。这一费用管理方法考虑了工程特点，通过基价和数量的综合考量，实现了对直接工程费及其相关费用的有效计算和管理。

（1）直接工程费用

直接工程费用由直接费、其他直接费、现场经费三部分组成。

① 直接费

直接费是指施工过程中耗费的构成工程实体和有助于工程形成的各项费用或养护过程中直接用于高速公路养护发生的费用。直接费主要包括完成养护工作必须消耗的人工费、材料费、施工机械的使用费等。例如养护类：各类工程的直接费是定额中相应工程的基价与相应工程的年均养护维修工程量的乘积。直接费用＝基价×年均养护维修工程量。其中，基价为相应工程在预算定额中规定的单位工程造价；年均养护维修工程量为该工程类型在一年内的平均养护维修数量，通常以工程单位为基础计量。

② 其他直接费

以直接工程费为基数，乘相应费用项目的费率计算。其他直接费用＝直接工程费×其他直接费用项目的费率。其中，直接工程费为相应工程的直接费用,通常由基价和年均养护维修工程量计算得出;其他直接费用项目的费率为各项其他直接费用的费率,即按照一定比例或百分比计算而来,这些费率通常根据实际养护工程的特点、地区差异等因素确定。

③ 现场经费

现场经费是进行养护准备工作、组织和管理工作所发生的费用。现场经费包括基本管理费、主副食补贴、职工探亲路费、职工取暖补贴、临时设施费、工地转移费等。现场经费的各项费用以直接工程费为基数,乘相应费用项目的费率计算。现场经费＝直接工程费×现场经费项目的费率。其中,直接工程费为相应工程的直接费用,通常由基价和年均养护维修工程量计算得出;现场经费项目的费率为各项现场经费的费率,即按照一定比例或百分比计算而来,这些费率通常根据实际养护工程的特点、地区差异等因素确定。

(2) 间接费

间接费指养护施工企业为组织养护施工所发生的管理费用。间接费以各类工程的直接工程费之和为基数,乘费率计算。间接费用＝各类工程的直接工程费之和×间接费率。其中,各类工程的直接工程费为不同类型工程的直接费用,通常由基价和年均养护维修工程量计算得出,针对不同工程类型分别计算;间接费率为间接费用的费率,即按照一定比例或百分比计算而来,通常根据实际养护工程的特点、地区差异等因素确定。

(3) 利润

利润是针对经营性的公路养护单位,按照有关规定进行养护工作应取得的利润,非经营性公路养护单位不计取此项费用。利润以直接工程费和间接费之和为基数,乘利润率计算。利润＝(直接工程费＋间接费用)×利润率。其中,直接工程费为相应工程的直接费用,通常由基价和年均养护维修工程量计算得出;间接费用为各类工程的间接费用,通过直接工程费和间接费率计算得出;利润率为利润的费率,即按照一定比例或百分比计算而来,通常根据实际养护工程的特点、地区差异等因素确定。

(4) 税金

税金包括城市维护建设税等,根据有关的规定,税金应该计入养护工程造价。税金采用规定的综合税率进行计算。

2. 养护费率计算

公路养护费用费率的确定可以采用以下几种方法:

(1) 养护费用调查数据分析方法

通过收集历史资料、现场调查、问卷调查等方法,通过各项费用直接求出各项费率。但是由于养护工程各项费用数据收集比较困难,数据样本量少,用此种方法测定费率较难实施。

(2) 利用基本建设工程预算编制办法中的费率方法

冬季、雨季、高原等施工增加费,养护工程定额与基本建设工程定额没有太大差别,因此在费率取定时,可以参考《公路工程建设项目概算预算编制办法》适当调整确定。

(3) 参考已有养护预算费用费率方法

对于部分养护工程费用项目,由于养护施工工艺、养护工作内容等与新建工程差别较大,部分费用项目(行车干扰工程增加费、临时设施措施费等)费率与基本建设费率差别较大,可采用原有费率和相关地区资料作为参考,对比分析在自然条件、经济条件、交通量等方面的变化和差异,采用分析法、类比法、统计平均法等方法研究确定。

(4) 参考其他行业预算费用计算方法

费率的确定还可参考其他行业预算费用计算方法,例如城市道路、建筑工程和铁路等行业养护预算费用的计算和确定方法。

4.4 常见模型

1. 基于成本控制的预算管理模型

基于成本控制的预算管理模型专注于通过详细监控和控制成本来优化项目成本,确保项目在预算内完成。该模型的实施始于成本计划和预算编制阶段,其中成本估算是关键步骤,涉及对所有必需资源的成本进行预测,这一阶段还包括预算分配,预算应详细到每个项目阶段和直接以及间接成本。

成本控制是这一模型的核心,包括持续的成本监控和严格的变更管理。通过使用成本控制工具,如EVM,项目的成本和进度绩效得以评估。变更管理确保任何项目范围、时间或成本的变更都经过严格评估,以保持预算的完整性并支持项目目标。

成本优化通过定期评估项目流程来实现,识别出可能的成本削减机会,例如通过采购策略优化或过程改进。战略采购可以通过建立长期供应商关系来降低成本,而供应链管理的实施则有助于减少库存持有成本和避免紧急采购成本。

　　风险管理是预算管理中不可或缺的一环,涉及风险的识别、评估和缓解。通过对市场价格波动、法规变更或技术风险的分析,可以制定相应的风险缓解策略。此外,为应对不可预见的成本增加,预算中应设立风险储备。这种模型强调成本的透明度和可控性,是管理大型和复杂项目的有效工具。

　　2. 基于目标管理的预算管理模型

　　基于目标管理的预算管理模型强调将预算制定与项目目标紧密结合,通过设定和跟踪具体目标来控制成本和推动项目成功,此模型从总体目标设定开始,确保项目的预算框架与预期成果一致。接着,将这些总体目标分解为可管理的阶段性目标,每个阶段都设有明确的预算目标,从而确保预算的实时监控和适应性管理。此外,模型通过定期的绩效评估,使用关键绩效指标(KPIs)来监控项目进度和成本效率。当发现预算有偏差时,模型支持及时地调整,确保项目可以持续按照既定目标前进。信息化管理工具的应用在此模型中扮演着重要角色,可提高数据准确性和实时更新能力,帮助项目经理及时做出决策。基于目标管理的模型通过目标的设定和绩效的评估来强化管理。

　　3. 基于作业成本法的预算管理模型

　　基于作业成本法的预算管理模型专注于项目成本的精确分配和控制。通过详细地分解项目作业和相关成本,此方法能够更精确地追踪和管理成本,特别适合成本结构复杂或者需要高度成本控制的项目。作业细化让每个作业阶段的成本都能被准确计算和监控,从直接成本到间接成本的每一部分都依据科学依据进行分配。成本归集和分配是此模型的核心,不仅归集各项作业的成本总额,还能通过成本中心的方式管理和归集费用,进一步通过作业成本法精确分配间接费用,这种方法的实施提高了预算编制的科学性,确保了成本的全面和准确反映,从而提高了预算管理的有效性和精确性。基于作业成本法的模型通过精细的成本分析和控制来优化资源配置。

第五章

公路资产管理数字化系统

5.1 公路资产管理数字化标准

为促进公路资产管理的数字化,需构建公路资产数字化标准体系,统一公路资产全要素数据格式,制定编码规则,打通数据链条,为各业务系统数据有效融合提供基础支撑。

5.1.1 公路资产分类思路

公路资产分类,按照技术等级分为:高速公路、一级公路、二级公路、三级公路、四级公路、等外公路。

按照路面等级分为:沥青混凝土面层、水泥混凝土面层、沥青表面处治、沥青碎石面层、块体类面层、砂石类面层、其他面层。

按照功能分为:公路用地、公路及构筑物(含路基、路面、桥涵、隧道、公路渡口等)、公路附属设施(含交通安全设施、管理设施、服务设施、绿化环保设施等)。

按照资产状态分为:生产用固定资产、非生产用固定资产、租出固定资产、融资租入固定资产、未使用固定资产、不需用固定资产、封存固定资产、土地。

参考《公路工程信息模型应用统一标准》(JTG/T 2420—2021)、《公路资产管理暂行办法》(财资〔2021〕83号)、《信息分类和编码的基本原则与方法》(GB/T 7027—2002)、《建筑信息模型分类和编码标准》(GB/T 51269—2017)、《公路水路公共基础设施资产构成表》、《公路资产管理系统技术要求》等相关规范的要求,明确公路资产范围,细分公路资产类别,编制公路资产数字化标准规范。公路资产分类思路如图5-1所示。

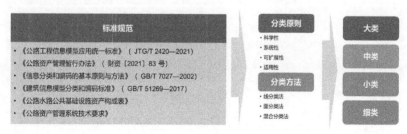

图5-1 公路资产分类思路

5.1.2 公路资产编码规则

公路资产编码规则是用于唯一标识和管理公路资产的一套系统,它对于公路的规划、建设、养护和管理具有重要意义。

(1) 国道编码

国道的编码以大写字母"G"开头,后接3位阿拉伯数字。例如,G101表示以北京为起点的放射状国道,G201表示南北走向的国道,G301表示东西走向的国道。

(2) 省道编码

省道的编码以大写字母"S"开头,后接3位阿拉伯数字。编码规则与国道相似,第一位数字表示省道的类型,如S1xx表示以省会城市为起点的放射线省道,S2xx表示南北走向的省道,S3xx表示东西走向的省道。

(3) 县道编码

县道的编码以大写字母"X"开头,后接3位阿拉伯数字。乡道的编码以大写字母"Y"开头,后接3位阿拉伯数字。

(4) 高速公路编码

高速公路的编码通常由字母和数字组成,如"G+1/2/4位数字/字母",其中字母E/S/W/N用于表示并行线的走向。

(5) 专用公路编码

专用公路是指由企业或其他单位建设、养护、管理,专为或主要为本企业或本单位提供运输服务的道路。专用公路的编码不具有统一性,一般是字母"Z"后面加3个数字,即"Zxxx"的形式。

(6) 其他公路编码

其他公路是指不属于上述公路的公路,一般是字母"Q"后面加3个数字,即"Qxxx"的形式。

(7) 高速公路资产编码

如云南省交通运输厅进行了"高速公路资产编码及管理技术研究"项目,确定了高速公路资产编码规则和编码方法,该编码规则和方法综合考虑了公路资产分类、特性、分布等因素,充分体现了高速公路资产的行业特性,适用于高速公路资产全生命周期信息化管理。

借鉴国内外典型案例,研究公路资产对象要素的数字化需求、数字化编码结构及拓展方法、数据类型、数据格式及属性阈值等。构建公路资产数据对象要素分层、分类、分段方法。同时,定义公路资产各对象要素(如路线、路基、路面、桥梁、隧道、涵洞、渡口、交通安全设施、智慧公路设施、管理设施、服务设施等)及其属性数据的字段类型,包含字段名称、字段长度、数据类型、字段值域、字段类别、字段说明等,建立公路资产特征数据字典。公路资产编码规则如图5-2所示。

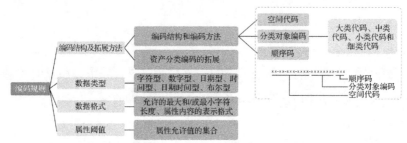

图5-2 公路资产编码规则

5.1.3 标准要求

公路资产数字化标准体系需满足以下要求:

(1) 符合交通运输部有关公路基础设施的管理要求;

(2) 以理论和实际相结合为基础,以智慧公路为发展方向,准确描述公路资产的范围、分类、细项、单位及收录标准等内容。

公路资产数字化标准规范目录如图5-3所示,公路公共基础设施会计明细科目及编码表如表5-1所示,公路资产信息卡参考样式如表5-2所示。

1 范围	6 路面
2 规范性引用文件	7 桥梁
3 总体要求	8 隧道
3.1 资产分类规则	9 涵洞
3.2 资产分类编码规则	10 渡口
3.3 资产编号规则	11 交通安全设施
3.4 数据类型	12 智慧公路设施
3.5 数据格式	13 管理设施
3.6 属性值域	14 服务设施
4 路线	附录:公路资产分类编码表
5 路基	

图5-3 公路资产数字化标准规范目录

表5-1 公路公共基础设施会计明细科目及编码表

一级科目及编码	二级科目及编码	三级科目及编码	四级科目及编码	五级科目	六级科目	七级科目	辅助核算	备查	核算内容说明
1801 公共基础设施	180101 交通基础设施	18010101 公路公共基础设施	1801010101 国道	路线名称(含起止桩号),如G102(K100—K130)			技术等级、公里数	建设时间、各项组成部分资产名称、资产价值、计提折旧方法和年限	核算公用土地、公路及构筑物、公路交通工程及沿线设施等资产原值
			1801010102 省道	路线名称(含起止点)					
			1801010103 县道	路线名称(含起止点)					
			1801010104 乡道	路线名称(含起止点)					
			1801010105 村道	路线名称(含起止点)					
			1801010106 专用公路	路线名称(含起止点)					

表5-2 公路资产信息卡参考样式

基本信息			
资产信息卡编码		资产名称	
资产分类		预算项目代码	
开工日期		交工验收日期	
竣工验收日期		投入使用日期	
数量(公路里程、桥梁或隧道长度、公路渡口个数等)		数量计量单位(公里、米、个等)	
公路编码		起始点	
终止点		设计年限	
公路技术等级		公路行政等级	
财务信息			
计价方式		经费来源	财政拨款(元)	
资产原值(元)			非财政拨款(元)	
财务入账状态		入账时间(可分笔填写)	
会计凭证号		预计年均收益(元)	

续表

政府批准的起止收费时间		预计年均收费(元)	
是否举债		举债方式	
债务名称		债务发行金额(元)	
债务发行时间		债务偿还时间	
债务偿还金额(元)		债务余额(元)	
是否纳入行政事业资产报表			
使用信息			
使用状况		管理部门及联系电话	
管护单位及联系电话		公路经营企业及联系电话	
历次收费权转让情况		收费权质押情况	
司法保全信息		备注	

制单人：　　　　　　　制单时间：

5.2　公路资产价值计量模型

公路资产包括公路用地、公路(含公路桥涵、公路隧道、公路渡口等)及构筑物、构成公路正常使用不可缺少的组成部分的交通工程及沿线设施(含交通安全设施、管理设施、服务设施、绿化环保设施)等资产。统一公路资产价值计量模型需对公路资产进行分类，构建全要素的资产价值计量模型。公路资产全要素示意图如图5-4所示。

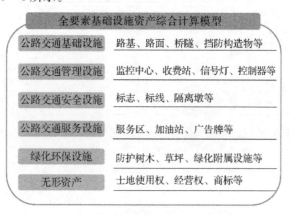

图5-4　公路资产全要素示意图

公路资产形成方式包括建设(含新建、改建、扩建)、受让、移交、处置归零等,公路资产随着生命周期阶段的不同、公路技术状况的不同,资产价值也会随之变化。统一公路资产价值计量模型需构建面向全生命周期的资产价值计量模型,其价值变化趋势如图 5-5 所示。

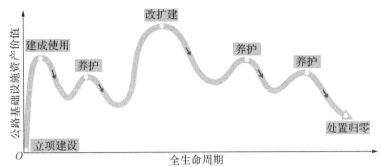

图 5-5 公路资产全生命周期价值变化趋势示意图

公路资产需依据国家统一的会计制度进行会计核算。按照《政府会计准则第 5 号——公共基础设施》的要求,交通运输主管部门或其授权的单位、管护单位应当对公路资产进行定期对账,做到账卡、账实、账账相符。公路资产发生信息变更的,交通运输主管部门或管护单位应当按相关规定及时更新公路资产信息卡。

借助现代信息技术,建立密切协作、权责明确、分工负责、索赔顺畅、管理高效的公路资产全生命周期数字化管理机制。创新公路资产管理理念,结合"互联网+公路资产管理"技术,构建公路资产动态管理机制,完善定期报送制度。由公路管养单位录入基础信息,并通过全生命周期数字化管理平台进行资产价值计算,形成"建设科学、使用有效、处置规范、管养到位"的公路资产管理模式。

公路资产价值计算主要包括全要素、全生命周期公路资产价值计量模型。

5.2.1 公路资产全要素价值计量模型

公路资产包括基础设施、管理设施、安全设施、服务设施、绿化设施等类型,针对不同设施类型,需要考虑其成新率、养护支出、折旧年限等差异,综合确定资产货币化计量方法,构建全要素复合计算模型。

(1) 原始成本法

主要针对新建交付使用的或者原始资料齐全的公路资产,可按照实际发生的成本费用计价,即可按原始成本法。

(2) 资产评估法

基于公路行业统一技术参数的评估执业依据,包括公路里程、公路等级、路基宽度、路面结构形式、投入使用年限等。

（3）重置成本法

综合考虑公路等级、路基宽度、路面材料、地形地貌等因素，确定公路的损耗贬值程度，测定成新率，进而作为裁量尺度。

（4）收益现值法

通过估算被评估资产的未来预期收益并折算成现值，借以确定被评估资产价值的资产评估方法。

5.2.2 公路资产全生命周期价值计量模型

公路资产在日常使用过程中必然产生的资产损耗是指被评估的公路资产与现时同类型的公路资产相比较所存在的缺陷或不利影响，包括有形损耗和无形损耗。有形损耗是指公路资产在使用过程中发生的磨损以及受自然力侵蚀所发生的损耗；无形损耗主要是指由于科技进步或新技术的采用，导致原有资产价值下降而产生的功能性损耗，以及由于资产外部因素的变化导致公路资产达不到原设计的获利能力而造成的经济性损耗。而公路的养护、改扩建等则是针对资产损耗进行补救。

为维护公路公共基础设施的正常使用而发生的养护支出，按照《交通运输部办公厅关于进一步明确公路公共基础设施养护支出管理有关事项的通知》（交办财审〔2023〕15号）的有关要求，按以下原则分类计入当期费用或者资本化：预防、修复、专项养护工程属于增加使用效能或延长公路使用年限而发生的大型维修改造的支出，予以资本化；应急养护工程实施内容与修复、预防养护及专项养护工程相同的支出，予以资本化，其余支出予以费用化；为维护正常使用而发生的日常维修养护支出，予以费用化；养护工程和日常养护采购的养护设备计入相关设备的成本，不计入公路公共基础设施成本。

公路资产后续支出资本化或费用化的计算、计量方法，与公路资产折旧年限、技术状况等有关。因此，需构建包含养护、改扩建等在内的与公路全生命周期、技术状况等进行参数化的全生命周期价值计量模型。

5.3 公路资产全生命周期数字化管理平台

"全生命周期管理"理念是将管理目标视为一个动态且不断成长的生命体，通过管理使得整个系统由前期接入、中期应对、后期总结组成的有机闭环，达到彼此配合、高效运行、有机生长的目标。全生命周期理论已逐渐被投资项目管理普遍接受和广泛应用，通过将项目划分为若干阶段，由始至终地将这些阶段相互串联整合,以构成项目的全生命周期。在公路资产管理中,全生命周期包括:项目规划、建设、运营和处置等阶段,具体过程如图5-6所示。

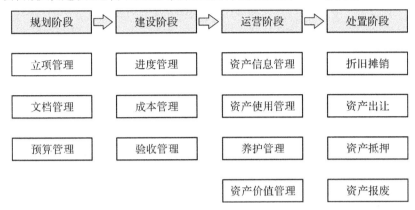

图 5-6 公路资产全生命周期管理

基于全局架构设计思想,研究公路资产数字化管理系统的整体架构,打造公路资产一张图(全路产电子地图+示范段数字孪生)、公路资产一张网(资产管理业务智能化)、资产决策一条线(中心—分中心资产价值计算统一标准化)的数字化管理平台,形成可复制、可推广的研究成果。

1. 开发标准规范

(1) 设计原则

公路资产数字化管理平台以安全、先进、开放、实用、使用方便和易于操作为原则,突出平台功能的实用性、完备性、灵活性,发挥较好的效能,并充分考虑可拓展性和安全性。平台系统设计依照以下原则:

① 标准化:在系统建设编码方面,主要依据行业制定的相关标准和规范。

② 先进性:采用国际上先进而且成熟的技术和框架,坚持开放性原则。

③ 实用性:系统的设计要在保证未来一段时间内有先进性的基础上,本着实用的原则,在实用的基础上追求先进性,并且易于维护管理,以及具有广泛兼容性。

④ 安全性:在计算机网络与外部网络互连互通日益增加的背景下,方案设计需考虑到系统的信息安全性、保密性和可靠性的要求。

⑤ 可扩充性:系统规模及层次应易于扩展,从而可以方便地进行设备扩充以适应工程的变化,以及灵活地进行软件版本的更新和升级,从而保护用户的投资。

⑥ 灵活性:应采用模块化、结构化的设计形式,满足不同的应用要求,适应业务调整变化。

⑦ 系统性:系统开发必须按照系统工程的管理方法,满足系统目标,总体方

案设计合理,满足用户的应用要求,便于系统维护以及系统的二次开发与移植。

（2）编码标准

为实现软件开发、维护、升级的可持续性,在本项目研究过程中,制定以下软件开发和编码规则：

过程文件：在项目具体开发过程中,在不同阶段需制定对应的软件开发需求报告、评估报告、执行计划说明以及软件测试分析报告。

文件系统：在项目具体开发过程中,系统总文件命名为"VIEW""CONTROLLER""BLL""CONFIGURE""RESOURCES"。其中,前端展示页面的文件统一存放于 VIEW；中间控制性文件存放于 CONTROLLER；系统配置性文件存放于 CONFIGURE；图片、上传文件存放于 RESOURCES 中,每个层级文件夹最多不超过五级。

命名规范：

① 系统命名

系统命名说明如表 5-3 所示。

表 5-3 系统命名说明

一级页面命名	控制层命名	业务层名称		
		管理	服务	模型
_*.cshtml	*info.cs	*manager.cs	*services.cs	*model.cs
_*.cshtml	*info.cs	*manager.cs	*services.cs	*model.cs
_*.cshtml	*info.cs	*manager.cs	*services.cs	*model.cs
_*.cshtml	*info.cs	*manager.cs	*services.cs	*model.cs
_*.cshtml	*info.cs	*manager.cs	*services.cs	*model.cs
Index.cshtml	—	—	—	—
Login.cshtml	—	—	—	—

说明：(1) *代表可替换的名称；(2) 一级页面命名为功能类型的拼音简写。

② 变量命名

业务变量统一用英文、首字母大写定义,非业务变量统一用小写拼音定义。

函数规范：所有运算过程均需封装为函数形式,传参不超过 5 个,所有单个函数过程代码不能够超过 300 行。

注释规范：所有变量、函数、带参过程、配置公共文件需要采用以下标准注释体：

///<summary>

///定义函数名称

///</summary>

///<paramname="para1">参数1名称</param>

///<paramname="para2">参数2名称</param>

///<returns>返回结果描述</returns>

2. 系统架构设计

公路资产全生命周期数字化管理系统的系统架构分为采集层、数据层、功能层、应用层和展示层,如图5-7所示。

采集层主要包括公路资产数据的底层数据来源,通过GIS数据接口、人工系统录入以及EXCEL报表导入三种方式接入数据;数据层主要是基于采集的数据实现公路资产数据的数据库标准存储,包括公路资产档案数据、公路资产养护数据、公路资产价值数据以及公路基础设施属性数据等;功能层主要包括GIS分布、BIM模型、统计分析、路产数据中心、资产价值系统、资产台账系统、资产统计分析等子功能;应用层包括公路资产一张图、公路资产一张网以及资产决策一条线三个板块;展示层主要包括用户和系统管理员的登录、业务交互操作、权限配置等功能。

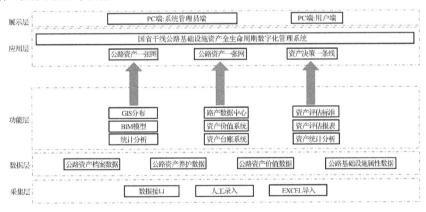

图5-7 系统架构示意图

3. 数据库架构设计

根据网络安全和国产化相关要求,数据库优先选用国产数据库达梦(DM),其内存、磁盘和中央处理器(CPU)占用率低,稳定性高。公路数据库的建立将与公路资产有关的空间实体进行概念模型化设计,主要步骤可分为前期的需求分析,后期建库过程中的概念设计、逻辑设计和物理设计等方面,如图5-8所示。

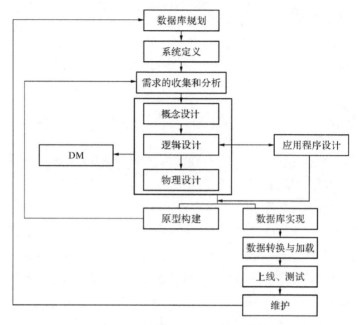

图 5-8 数据库设计过程流程图

4. 业务功能设计

(1) 公路资产一张图

为保障系统的路网分段、编码和属性与其他系统统计和分类口径一致,系统以公路 GIS 一张图为底层数据,构建公路资产信息一张图,以可视化的方式展示并管理公路全资产的空间信息、属性信息、资产信息、公路价值、养护信息,实现路网资产的精细化管理。系统 GIS 数据需求如表 5-4 所示,典型系统功能界面示例如图 5-9 所示。

(2) 公路资产一张网

① 路产数据中心:汇集公路资产档案数据、公路资产养护数据、公路资产价值数据、公路基础设施属性数据等,形成公路资产全要素数据中心。其中,公路设施包括路线、路基、路面、桥梁、隧道、涵洞、渡口等。

表 5-4 系统 GIS 数据需求

序号	调用图层	属性明细
1	公路 GIS 路网公路设施图层	路线编号、路线名称、路段编号、养护部门、主管单位、所属区域、起点桩号、起点名称、起点经纬度、终点桩号、终点名称、终点经纬度、里程、公路等级、路面类型、路基宽度、建设时间、车道数量、资产价值,图层具有的其他属性数据

续表

序号	调用图层	属性明细
2	公路 GIS 路网桥梁设施图层	桥梁编号、桥梁名称、养护部门、主管单位、所属区域、桥梁经纬度、桥梁长度、技术状况等级、桥梁结构、桥梁类型、资产价值,图层具有的其他属性数据
3	公路 GIS 路网隧道设施图层	隧道编号、隧道名称、养护部门、主管单位、所属区域、隧道经纬度、隧道入口桩号、隧道长度、隧道等级、隧道结构、隧道类型、资产价值,图层具有的其他属性数据
4	公路 GIS 路网安防设施图层	设施编号、设施名称、养护部门、主管单位、所属区域、设施经纬度、设施桩号、设施类型、资产价值,图层具有的其他属性数据
5	公路 GIS 路网养护信息图层	编号、养护道路/设施名称、养护部门、主管单位、所属区域、养护里程、养护地点、养护起始桩号、养护起始经纬度、养护终点桩号、养护终点经纬度、养护时间、养护资金,图层具有的其他属性数据
6	其他	—

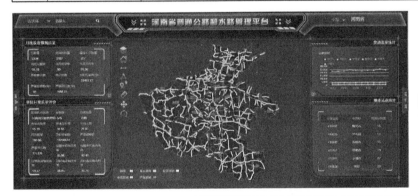

对应彩图

对应彩图

图 5-9 典型系统功能界面示例

② 资产价值系统：该功能包括价值评估子系统和价值更新子系统。价值评估子系统先根据前述规定确定公路资产初始入账价值，再针对预防养护工程（路基、路面、桥涵、隧道）直接计入公路公共基础设施成本；修复养护工程（路基、路面、桥涵、隧道、安全设施、管理服务设施、绿化环保设施）计入公共基础设施成本，减去公路公共基础设施被替换部分账面价值的金额，被替换部分账面价值金额按照前述公路资产价值计量模型确定；专项养护和应急养护则计入公路公共基础设施成本，其余计入当期费用；日常养护直接计入当期费用。综合上述所有养护工程大项，自动评估计算资产总值。价值更新子系统通过计算每条道路的初期建设投入，为每条道路赋予初始价值。随着使用年限的增加，现阶段价值为初始价值与折旧费之差。同时，如若公路需要进行养护以增长其生命周期，现阶段价值还需随额外养护经费的投入而增加。

③ 资产台账系统

建立固定资产台账，实现各类资产入库、出库、退库、变动、折旧、盘点等全业务流程管理，并能快捷统计、查询、展示等。

（3）资产决策一条线

① 资产价值计算标准：公路公共基础设施预防养护工程、修复养护工程、专项养护工程、应急养护工程予以资本化，直接计入公路公共基础设施成本；日常养护工程予以费用化，计入当期费用，再结合资产折旧分析，对公路资产进行评估，做到资产价值计算合理化、标准化、统一化。

② 资产价值计算报表：资产经过评估过后自动生成报表，报表中显示资产当前价值、历史养护投入（预防养护、修复养护、专项养护、应急养护、日常养护）、初始建设投入，以及历年折旧变更，资产价值计算报表有助于财务管理者对于经费使用和资产价值有清晰的认识。

③ 资产统计分析：统计公路公共基础设施初始建设投入、资本化养护投入、费用化养护投入、资产折旧等关键指标，展现公路资产价值和养护投入的历史趋势，辅助财务判断未来资金走向的合理性。

具体的系统功能及业务流程框架图如图5-10所示。

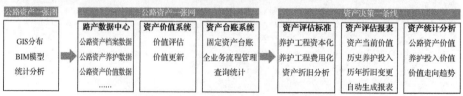

图5-10 系统功能及业务流程框架图

5. 软硬件环境支撑

管理平台所需的服务器资源如表 5-5 所示。

表 5-5 系统软硬件支撑说明

序号	服务器	网络资源	存储资源	软件环境
1	前端发布服务器：2 核 16 GB 内存	外网：50 MB 带宽	500 GB	银河麒麟高级服务器操作系统 V8 以上版本
2	后台 GIS 发布服务器：2 核 32 GB 内存	外网：50 MB 带宽	1 TB	银河麒麟高级服务器操作系统 V8 以上版本
3	数据库	与后台处于同一网段，通过内网访问，不限制带宽	1 TB	国产数据库 DM

6. 网络安全环境设计

系统部署到政务云上，根据系统的数据类型和使用场景，本系统的初步定级为等保二级，因此需要做相应的网络安全设计。根据网络安全要求，本系统网络安全环境增设对应的云盾 Web 应用防火墙产品，用以控制网络访问、IP 攻击等方面，提高网络安全水平。

（1）在网络安全方面，拟申请的资源为政务资源，通过政务网的安全防火墙以及限定白名单和端口的形式保障网络安全；

（2）在数据安全方面，系统的对外账户密码全部设置为强密码，并且加密存储于数据库中，数据库单独部署在政务网内网段，不与外网进行任何连接，以确保数据的安全性。

7. 数据更新和运维

公路资产全生命周期数字化系统的数据主要包括 GIS 基础信息数据、养护维护数据、公路资产数据等方面，各种数据更新方式如下：

（1）GIS 基础信息数据以年度为单位，采用报部批准的 GIS 基础数据库作为底层数据进行更新；

（2）养护维护数据在年度 GIS 基础数据库上，通过关联养护作业报表数据进行数据更新；

（3）公路资产数据的更新主要根据公路资产基数叠加设施养护支出数据进行自动计算，同时也支持资产报表导入更新和人工授权更新等方式。

5.4 公路资产管理数字化案例分析

1. 案例背景

宁夏基于BIM+GIS融合技术开发的全过程公路资产管理系统平台,可支持设计阶段可视化三维空间数字建模、优化设计方案、控制测算项目成本,实现检测施工阶段的安全、质量、进度、成本、档案等数据库管理,乃至在运营养护阶段通过资产管理和数据资产数据库建立"建管养"数据基础。建立全过程资产管理系统可掌握高速公路的各类资产状况评估和数字化管理,有助于摸清项目家底,提高对项目全过程的监察便捷程度。

结合高速公路的实际特点,对各种风险现象进行综合判断。数字化评估方式可以通过录入的公路结构资产信息、历史养护信息、日常检查和定巡检数据,对数据进行全面的分析评估,并实时更新监测资产数据变动情况。数字化的资产评估方式可转化为立体的数据资产管理模型,通过BIM+GIS的可视化数据建模,展示高速公路运营过程中的衰减过程与可恢复程度,并更加准确估算故障时间节点,更有利于高速公路各管理团队从经济效益角度出发,更加直观地判断路段在生命周期中的具体阶段,使高速公路资产避免更多损失,促进养护数字化手段的不断升级。

2. 系统研发内容

公路资产是指包括公路路基、路面、桥涵、隧道、交通工程及沿线设施(含交通安全设施、管理设施、服务设施、绿化环保设施)等构成公路正常使用不可缺少的组成部分的资产。公路资产养护管理系统包括公路资产管理和日常养护管理两大部分。

公路资产管理包括路面、桥梁、隧道、边坡四大主要资产管理子系统。系统存储详细的资产基础信息、养护历史数据,以逐层细化的方式建立数字化模型,一方面可直接导出行业管理部门要求的状况评定表;另一方面可对资产进行评估及做出中长期养护规划,协助进行科学决策,以更高效率及更科学的方式管理公路资产。

日常养护管理系统包含了巡查管理、道路日常养护及机电维护3个管理子系统,该系统主要用于管养单位日常的工作管理,可实现跨部门、多任务的信息快速流转,避免数据造假,最终实现日常养护管理过程的无纸化办公。

(1) 路面子系统

路面子系统是公路资产管理中最为重要的系统之一,拟定该子系统由7个核心模块组成:基础数据模块、检测数据模块、路况综合评定模块、性能预测模块、辅助决策模块、实施效果评估模块、资产评估模块,如图5-11所示。

(2) 桥梁、隧道、边坡子系统

桥梁、隧道、边坡均属于公路构造物,子系统的功能模块由8个模块组成,如表5-6所示。

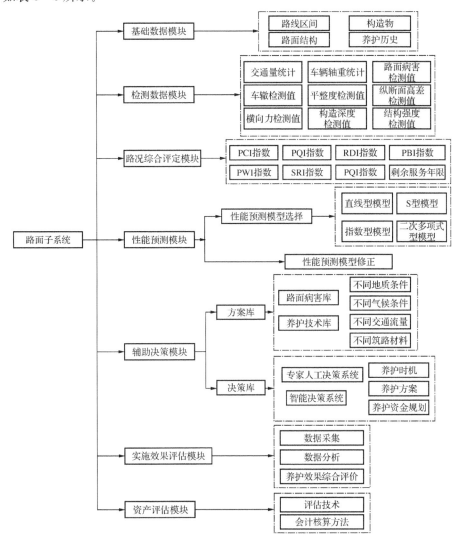

图5-11 路面子系统内容

表 5-6 构造物(桥梁、隧道、边坡)子系统功能模块

序号	模块名称	功能模块	备注
1	基础数据	路线信息 构造物信息 构造物档案资料 构造物部件、构件 构造物模型	最基础的模块,是所有分析及决策的基础。其中"一构造物一档案"模块符合未来行业主管部门要求,为构造物养护管理带来极大的便利性
2	检测数据	构造物经常性检查数据 构造物定期检测数据 构造物专项检测数据 构造物特殊检测数据	历年检测数据的存储至关重要,可实现统一管理,避免烦琐的二次输入问题,为更好地制定养护策略提供了科学依据
3	状况评定	对检测数据进行评定 构造物状况评定数据	根据检测数据直接生成评定数据
4	评估决策	构造物养护需求分析 构造物养护对策方案库	对构造物养护需求进行分析及资金计算,科学合理地进行决策
5	专项工程	构造物专项工程管理	对专项工程进行管理,详细记录专项工程施工过程的资料
6	统计报表	构造物卡片 构造物状况统计 养护维修统计	对构造物技术评定状况及养护维修状况进行统计
7	GIS显示	构造物基础数据 状况评定数据 养护方案	直观显示构造物的基础信息、检测数据、状况评定、养护方案及费用等信息
8	资产评估	构造物资产评估	运用资产评估技术与会计核算方法,实现公路资产货币化管理

(3)日常养护管理子系统

巡查管理指巡查过程中发现或接收影响安全方面的事件及事故的处理过程。安全巡查及事件事故处理模块主要包括安全巡查、安全事件、路产事故三部分内容。以实现跨部门、多任务的信息快速流转,加快事件、事故处理速度,提升高速公路运营安全。

道路日常养护管理包括日常巡查、月计划管理、维修任务管理、路产事故管理、病害库管理等功能模块,由PC端和移动端相互交互完成。建立"发现病害→病害上传→审核→下发维修任务单→养护施工→验收"一套完整、精细化的养护管理流程,实现病害处理过程的无纸化办公。

机电维护用于机电管理部门人员对管辖路段机电设施进行日常、专项巡检及维护管理工作,包括日常管理、专项管理、维修任务等功能模块。该模块用于

维护机电设备信息和库存,记录日常维护、日常巡检、专项维护及专项巡检信息,同时对设备故障信息进行下发、维修、站所确认、部门审核等流程管理。

3. 研发技术路线

基于数字模型+GIS公路资产管理系统通过资产管理和资产数据库建立"建管养"数据基础。建立全过程资产管理系统可掌握高速公路的各类资产状况评估和实现数字化管理,研发技术路线如图5-12所示。

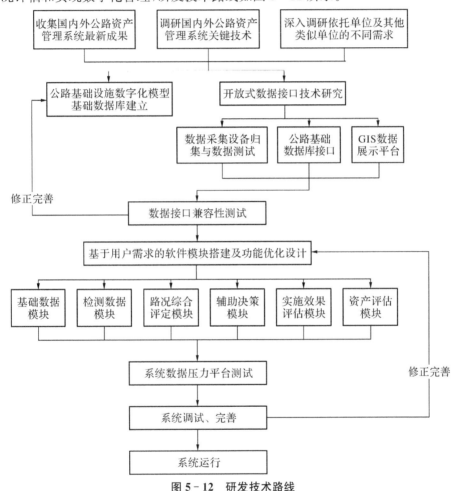

图5-12 研发技术路线

4. 系统主要功能

根据前述系统研发的主要内容及技术路线,系统的主要功能如下:

(1)基础数据管理

全面、详细地建立公路基础设施数字化模型,记录管养道路的路基、路面、桥涵、隧道等资产信息。

(2) 养护历史管理

全面存储公路建成通车后历次的养护维修记录,包括日期、方案、路段、费用等。

(3) 检测数据管理

全面存储历次路基、路面、桥涵、隧道的详细检测数据,精确到路面每 10 m 的长度单元及构造物的最小构件。

(4) 路况评定

进行路基、路面、桥隧构造物、沿线设施的状况评定,计算公路技术状况指标(MQI)及各分项指标值。

(5) 辅助决策

系统通过对道路历史检测数据的分析,根据实测交通量和轴重状况,预测未来一定时间内病害发展趋势,提前预判道路性能衰减状况,从全生命周期成本的角度,在"拐点"之前采取适宜的养护对策。

(6) 专项工程管理

对路面、桥涵、隧道等构造物专项工程的实施过程进行管理,包括招投标信息的存储查询、实施过程的费用变更、进度变更等记录查询及资料的存储查询。

(7) 构造物档案管理

根据最新的规范要求,系统实行一桥一档、一涵一档、一隧一档、一边坡一档管理,完整记录构造物的基础数据、历史检测数据和养护维修数据。

(8) 统计图表及报告输出

根据行业管理部门需求,输出路况指标、桥隧状况、交通量状况等统计图表及分析报告。

(9) GIS 显示

直观显示公路路线、路面、桥涵、隧道、边坡等构造物的基础信息、分段信息、养护历史信息、检测数据、评定数据、养护决策数据、日常巡查数据、养护维修数据等。

(10) 资产评估

实现公路资产货币化管理,围绕公路资产保值这一基本要求,运用资产评估技术与会计核算方法,分析包括路面、路基、桥梁、隧道、涵洞、沿线设施等在内的各类公路资产的价值水平,为公路养护决策提供目标经济指标,结合公路科学决策技术的应用,使公路资产得到保值、增值。

第六章

宁夏路面技术状况评价分析

宁夏回族自治区位于中国西北部，是"丝绸之路经济带"的重要区域，其独特的地理位置具有连接中国西北部及中亚和欧洲的战略意义。随着经济的快速增长和城镇化的推进，公路网络成为连接农村与城市、东部与西部的关键基础设施，对地区经济发展和社会稳定具有重要作用。例如，宁夏葡萄酒产业的迅速发展依赖于高效的物流系统，而多民族地区的节庆活动和文化旅游需要良好的公路连接以吸引游客。然而，宁夏地处黄土高原，干旱少雨、温差大的气候和复杂的地质条件使公路系统面临诸多挑战，如路面冻裂、软化及地质灾害，增加了公路维护的难度和成本。

宁夏公路路面技术状况评价的重要性在于其对地区安全、经济、环境和社会发展的深远影响。保障交通安全和流畅，及时发现并修复路面不平、裂缝等潜在安全隐患，可显著减少事故发生率。优化的公路服务质量能够提高交通效率，减少拥堵，增强公众的出行体验。此外，持续的公路维护计划可以延长公路使用寿命，节约公共资金。因此，建立全面的公路技术状况评价系统对宁夏尤为重要。

6.1 宁夏公路网基本情况分析

6.1.1 公路网整体概况

"十三五"时期是迄今为止宁夏交通发展速度最快、发展质量最好、完成投资最多、改革力度最大、服务水平提升最显著的5年，具体如图6-1所示。在此期间，公路路网规模快速增长，等级结构逐步优化，交通运输状况持续改善，有力地支撑了宁夏经济社会的发展。目前，宁夏基本形成了以高速公路、国省干线公路为主骨架，县际、县乡公路为脉络，外连毗邻省、市，内通县、乡的公路网体系。截至2023年底，宁夏公路总里程3.87万km，公路密度58.34 km/百km^2，高于全国平均值（56.63 km/百km^2），在我国31个省、自治区、直辖市中排名第28位。其中，高速公路通车里程2 122 km，普通国省干线4 972 km，农村公路30 032 km，专用公路1 613 km，全区已实现了县县通高速，所有乡镇、建制村通硬化路。在公路里程、交通流量持续增长的情况下，截至2023年底，宁夏高速公路和普通国省干线优良路率分别达到100%、93.9%，较"十二五"末分别提高了1.2%、20.2%；农村公路优良中路率达到86.4%，较"十二五"末提高了18.4%。在全国"十三五"干线公路养护管理评价工作中喜获全国第18名、西北片区第2名的成绩，较"十二五"全国排名提高8位，宁夏交通运输厅荣获干线公路养护管理工作进步单位。

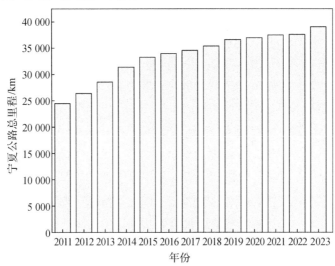

图 6-1　2011—2023 年宁夏公路总里程图

"十四五"时期是我国全面建成小康社会后的新征程起点,标志着全面建设社会主义现代化国家的开始。宁夏将在此期间重点推进交通运输系统的建设与管理。国家将陆续推出扩大内需的政策措施,为宁夏交通运输发展提供广阔空间。同时,宁夏面临的挑战包括交通建设融资渠道狭窄、资源环境约束加剧、管养能力提升压力巨大、运输结构调整任务繁重等问题。

2019 年 9 月,中共中央、国务院印发《交通强国建设纲要》,强调构建安全、便捷、高效、绿色、经济的现代化综合交通体系,并推动新技术与交通行业的深度融合。2021 年 2 月,中共中央、国务院印发《国家综合立体交通网规划纲要》,旨在推进交通基础设施数字化、智能化发展。2021 年 8 月,交通运输部、科学技术部发布《关于科技创新驱动加快建设交通强国的意见》,强调科技创新在推动交通运输高质量发展中的关键作用。2021 年 9 月,宁夏回族自治区党委、人民政府印发《关于贯彻落实〈交通强国建设纲要〉的实施意见》,提出构建综合交通运输网络,助力黄河流域生态保护和高质量发展。2021 年,《关于宁夏回族自治区开展黄河流域公路基础设施高质量发展等交通强国建设试点工作的意见》获批,标志着宁夏公路基础设施管理信息化和科技主导作用的提升成为必然趋势。

目前,宁夏公路基础设施管理信息化程度不足,缺乏适应现代化管理要求的公路管理与决策信息系统。相关管理部门依赖定性分析和工程师经验进行建设和养护决策,导致数据挖掘困难,且管理决策预测不准确。为了解决这一问题,结合现行的《公路技术状况评定标准》,研究提出了简化的"三色法",将路面技术状况分为绿、黄、红三个等级,以更客观地反映公路状况。宁夏将继续加强交通运输系统建设,确保项目资金在技术开发、基础设施评估、数据收集、系统实施及维护等方面得到精细分配。项目资金来源将涵盖政府拨款、补助金、私营投资及公私合作伙伴关系,并执行严格的成本效益分析,确保资金的高效、透明使用。同时,将制定长期融资和收入策略,建立风险管理计划,以应对财务风险。

以宁夏公路网为研究对象,运用大数据等新技术构建宁夏公路基础数据库,并通过"三色"标识法,依托地理信息技术实现评价结果的数字化、可视化。该系统将支持行业管理部门进行客观的使用性能评价,指导公路行业管理相关决策,实现全路网综合效益最优化。同时,作为"十四五"期间重要的基础系统,该系统将对促进交通运输系统的运输服务和信息化发展产生重要影响。

6.1.2 国省干线公路网概况

1. 路网规模

截至2023年,"十三五"期间,宁夏普通国省干线公路网由12条国道和22条省道组成,总里程(净里程)4 916 km,其中:普通国道 2 366 km,普通省道 2 550 km,较"十二五"末增长 1 705 km。普通国道二级及以上比重由"十二五"末的79%提高到96.9%,普通省道二级及以上比重由"十二五"末的16%提高到48.5%,总体基本达到三级及以上标准。普通国省道公路建设取得了巨大的成就,同时也面临着较大的养护管理压力。表6-1为宁夏普通国省干线公路里程统计表,表6-2为宁夏普通国省干线公路汇总表。

表6-1 宁夏普通国省干线公路里程统计表

辖区	总里程/km	类型		技术等级				铺装类型	
		国道	省道	一级	二级	三级	四级	沥青	水泥
银川	776.823	473.885	302.938	305.297	313.956	157.004	0.566	776.467	0.356
石嘴山	442.959	222.968	219.991	130.392	279.614	32.953	0	421.255	21.704
吴忠	1 483.925	652.41	831.515	161.779	791.217	509.473	21.456	1 479.404	4.521
固原	1 157.222	577.965	579.257	95.426	698.625	292.883	70.288	1 152.699	4.523
中卫	1 054.98	439.003	615.977	53.316	490.327	503.85	7.487	1 028.943	26.037
合计	4 915.909	2 366.231	2 549.678	746.21	2 573.739	1 496.163	99.797	4 858.768	57.141

表6-2 宁夏普通国省干线公路汇总表

路线名称	起止桩号	里程/km	起点	终点
G109 京拉线	K1111.122—K1457.385	346.263	蒙宁省界石嘴山黄河桥	宁甘界(郝家集)
G110 京青线	K1124.554—K1329.350	204.796	蒙宁省界麻黄沟	G109线交叉处
G211 银榕线	K0—K179.505	133.647	银川南门广场旗杆	宁甘界(甜水堡)
G244 乌江线	K21.8—K262.345	240.545	蒙宁省界苦水沟门	宁陕界
G307 黄山线	K1165.448—K1371.239	156.864	陕宁界(王圈梁)	宁蒙界(头关)
G309 青兰线	K1629.393—K1849.450	220.057	甘宁界(马成河桥)	宁甘界(郭家沟)
G312 沪霍线	K1881.053—K1949.938	68.885	甘宁界(苋麻湾)	宁甘界(毛家沟)
G327 连固线	K1572.089—K1655.278	83.189	甘宁界(沟圈)	固原南出入口
G338 海天线	K1402.043—K1760.987	304.377	宁蒙省界(红井)	宁甘界(营盘水)
G341 胶海线	K1719.207—K1888.886	162.015	甘肃省庆阳市环县芦家湾乡	宁甘界(辘辘坝)
G344 东灵线	K1829.853—K2252.681	396.849	甘宁界(双疙瘩梁)	银川市综合保税区
G566 吉天线	K14.994—K63.738	48.744	夏寨岔路口	宁甘界(下范村)
S101 银石线	K0—K48.675	48.675	银川绕城高速正源北街出口	大武口区世纪大道交叉
S102 银红线	K0—K29.218	29.218	银川市友爱路口	宁蒙界(红墩子)
S103 银西线	K0—K432.160	409.502	银川市金凤区	李堡宁甘交界处
S104 银苏线	K0—K31.205	23.566	西夏区军区	银川市贺兰山岩画
S201 盐麻线	K0—K102.518	102.518	盐池县广惠西街口	宁甘界麻黄山乡
S202 高彭线	K0—K361.377	296.891	蒙宁界盐池县双井子村	宁甘界(高寨原)
S203 寨隆线	K0—K147.382	144.978	固原市原州区寨科乡街道北	宁甘界(庄浪)
S204 预西线	K0—K247.11	214.029	甘宁界预旺镇三源村	袁河乡万崖村S103与S204相交处
S205 中关线	K0—K218.650	195.602	宁蒙省界闫地拉图	关庄
S301 红沙线	K0—K51.557	51.557	平罗县红陶路交叉	惠农区正谊关桥
S302 陶石线	K0—K81.492	70.285	宁蒙交界查布	宁蒙交界左旗
S303 高汝线	K6—K81.725	72.612	平罗县滨河大道交叉口	大武口区白芨沟

续表

路线名称	起止桩号	里程/km	起点	终点
S304 月贺线	K10—K51.596	41.516	贺兰县京星农场	金山作业站
S305 宁平线	K0—K66.56	66.56	水洞沟隧道	西夏区平吉堡
S306 叶甘线	K0—K22.36	22.36	G109线叶盛龙门村	S201线甘城子乡甘泉村
S307 高青线	K4.363—K130.486	123.986	盐池县南梁乡	宁蒙界(井沟)
S308 盐中线	K0—K231.109	184.355	盐池县西滩	宁蒙省界照壁山
S309 惠红线	K0—K58.009	57.79	盐池县惠安堡镇	宁陕界(二道沟)
S310 萌喊线	K0—K142.106	118.637	盐池县G211与萌石公路交叉口	G109同喊线止点
S311 寨红线	K7—K123.378	111.106	湾掌岔路口	宁甘省界黑窑洞
S312 张平线	K0.642—K97.834	97.192	张易S203线与S312线交叉路口	驼岔岔路口
S313 两玛线	K0—K74.879	66.743	沿川子宁甘省界	杨坡宁甘省界

依照交通运输部《公路技术状况评定标准》(JTG 5210—2018)、《公路工程技术标准》(JTG B01—2014)以及宁夏现状水平和交通运输部"十四五"目标要求,为了更加直观地体现出宁夏普通国省干线路网两项主要指标情况,采用"绿、黄、红"三色进行区分。路面技术状况指数以《公路沥青路面养护技术规范》(JTG 5142—2019)、《公路技术状况评定标准》(JTG 5210—2018)为依据进行界限的划分,具体划分如表6-3所示。

表6-3 宁夏国省干线交通量、路面技术状况指数颜色图例说明

国道	绿	黄	红
PQI	[85,100]	[75,85)	(0,75)
PCI	[85,100]	[75,85)	(0,75)
RQI	[85,100]	[75,85)	(0,75)
交通量	(0,10 000]	(10 000,20 000]	(20 000,+∞)

续表

省道	绿	黄	红
PQI	[80,100]	[70,80)	(0,70)
PCI	[80,100]	[70,80)	(0,70)
RQI	[80,100]	[70,80)	(0,70)
交通量	(0,10 000]	(10 000,20 000]	(20 000,+∞)

2. 交通量状况

宁夏全年平均日交通量以 10 000 辆/昼夜、20 000 辆/昼夜、20 000 辆/昼夜以上作为界限值进行划分,同时按照车型,分别以总交通量、小客车交通量、大车交通量三个口径进行数据统计。

(1) 总交通量

从统计数据可以看出,宁夏普通国省道中"绿色"路段(小交通量路段)总长 3 963 km,占比 78.07%;"黄色"路段(中等交通量路段)总长 796 km,占比 15.68%;"红色"路段(大交通量路段)总长 317 km,占比 6.25%。宁夏普通国省道超过 3/4 的路段小交通量均小于 10 000 辆/昼夜,大于 20 000 辆/昼夜的大交通量路段占比小于 10%,如图 6-2 所示。

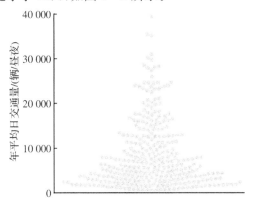

图 6-2 宁夏普通国省道全年平均日交通量(总交通量)

需要重点关注的路段是南北走向的 G109 线和 G244 线,"红色"路段较为明显。其中,G109 线"红色"路段长 128 km,占全线总里程的 35.56%(图 6-3),以石嘴山黄河大桥至小兴墩段和梅家沟至宁新加油站段最为显著;G244 线"红色"路段为月牙湖至灵武市白芨滩段,长 55 km,占全线总里程的 22.18%(图 6-4)。

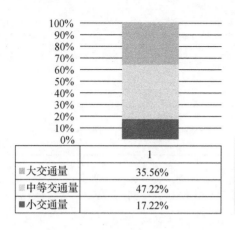

图6-3 G109线总交通量分布情况　　图6-4 G244线总交通量分布情况

(2) 小客车交通量

在宁夏普通国省道中,"绿色"路段(小交通量路段)总长5 027 km,占比99.03%;"黄色"路段(中等交通量路段)总长47 km,占比0.93%;"红色"路段(大交通量路段)总长2 km,占比0.04%。总体来看,宁夏普通国省道接近100%的路段小交通量均小于10 000辆/昼夜,超过20 000辆/昼夜的大交通量路段仅G109线德胜至贺兰山路口路段需要重点关注,长2 km,占比不超过1%,如图6-5所示。

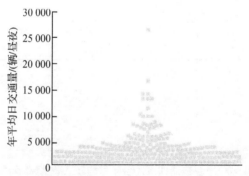

图6-5 宁夏普通国省道全年平均日交通量(小客车交通量)

(3) 大车交通量

在宁夏普通国省道中,"绿色"路段(小交通量路段)总长4 354 km,占比85.78%;"黄色"路段(中等交通量路段)总长552 km,占比10.87%;"红色"路段(大交通量路段)总长170 km,占比3.35%。总体来看,宁夏普通国道大车"红色"路段(大交通量路段)以石嘴山黄河大桥至小兴墩作业站段和G344线洞子至盐兴转盘段需要重点关注,长 91 km,仅占普通国道的 3.78%。而宁夏普通省道大车交通量均小于 20 000 辆/昼夜,如图 6-6 所示。

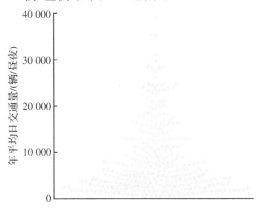

图 6-6 宁夏普通国省道全年平均日交通量(大车交通量)

对各路线小型车、大型车交通量占比汇总分别如表 6-4 所示。

表 6-4 各路线小型车、大型车交通量占比情况 单位:%

线路	小型车			大型车			总计		
	小交通量	中等交通量	大交通量	小交通量	中等交通量	大交通量	小交通量	中等交通量	大交通量
G109 线	92.2	7.2	0.6	32.2	43.4	24.4	10.2	51.2	32.2
G110 线	100.0	0.0	0.0	36.9	52.8	10.3	33.3	54.9	36.9
G211 线	93.4	6.6	0.0	82.5	17.5	0.0	75.9	24.1	82.5
G244 线	100.0	0.0	0.0	67.3	29.0	3.6	56.5	21.4	67.3
G307 线	100.0	0.0	0.0	74.8	10.7	14.6	63.1	22.3	74.8
G309 线	100.0	0.0	0.0	100.0	0.0	0.0	98.6	1.4	100.0
G312 线	100.0	0.0	0.0	84.1	15.9	0.0	75.4	24.6	84.1
G327 线	100.0	0.0	0.0	100.0	0.0	0.0	79.3	20.7	100.0
G338 线	97.4	2.6	0.0	97.4	2.6	0.0	62.5	34.9	97.4
G341 线	100.0	0.0	0.0	75.6	24.4	0.0	75.6	24.4	75.6
G344 线	100.0	0.0	0.0	65.9	24.7	9.4	43.3	43.0	65.9
G566 线	100.0	0.0	0.0	100.0	0.0	0.0	95.2	4.8	100.0
S101 线	87.5	12.5	0.0	66.7	33.3	0.0	35.4	52.1	66.7
S102 线	100.0	0.0	0.0	100.0	0.0	0.0	100.0	0.0	100.0

续表

线路	小型车			大型车			总计		
	小交通量	中等交通量	大交通量	小交通量	中等交通量	大交通量	小交通量	中等交通量	大交通量
S103 线	100.0	0.0	0.0	100.0	0.0	0.0	82.6	17.4	100.0
S104 线	100.0	0.0	0.0	100.0	0.0	0.0	74.2	25.8	100.0
S201 线	100.0	0.0	0.0	100.0	0.0	0.0	100.0	0.0	100.0
S202 线	100.0	0.0	0.0	100.0	0.0	0.0	100.0	0.0	100.0
S203 线	100.0	0.0	0.0	100.0	0.0	0.0	90.5	9.5	100.0
S204 线	100.0	0.0	0.0	94.0	6.0	0.0	94.0	6.0	94.0
S205 线	100.0	0.0	0.0	100.0	0.0	0.0	89.5	10.5	100.0
S301 线	100.0	0.0	0.0	100.0	0.0	0.0	100.0	0.0	100.0
S302 线	100.0	0.0	0.0	75.3	24.7	0.0	67.9	9.9	75.3
S303 线	100.0	0.0	0.0	100.0	0.0	0.0	100.0	0.0	100.0
S304 线	100.0	0.0	0.0	100.0	0.0	0.0	100.0	0.0	100.0
S305 线	100.0	0.0	0.0	100.0	0.0	0.0	90.9	9.1	100.0
S306 线	100.0	0.0	0.0	100.0	0.0	0.0	100.0	0.0	100.0
S307 线	100.0	0.0	0.0	97.7	2.3	0.0	97.7	2.3	97.7
S308 线	96.8	3.2	0.0	96.8	3.2	0.0	86.9	10.0	96.8
S309 线	100.0	0.0	0.0	100.0	0.0	0.0	100.0	0.0	100.0
S310 线	100.0	0.0	0.0	100.0	0.0	0.0	100.0	0.0	100.0
S311 线	100.0	0.0	0.0	100.0	0.0	0.0	100.0	0.0	100.0
S312 线	100.0	0.0	0.0	100.0	0.0	0.0	100.0	0.0	100.0
S313 线	100.0	0.0	0.0	100.0	0.0	0.0	100.0	0.0	100.0

3. 路面病害类型

宁夏沥青路面各种病害所占比例如图6-7所示,可以看出,全区典型病害类型为龟裂,所占比例高达29%;其次为块状裂缝、横向裂缝和纵向裂缝,三者所占比例达49%。

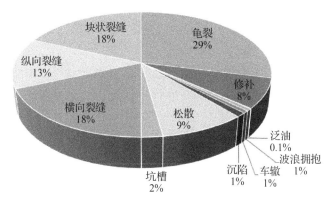

图 6-7 宁夏沥青路面不同病害类型分布比例

对于宁夏各管理单位的公路病害进行汇总统计,结果如图 6-7 所示,可以看出,国省干线中主要病害为龟裂和裂缝。其中固原以龟裂和块状裂缝为主;石嘴山以块状裂缝和修补为主;吴忠以纵向、横向裂缝为主;银川以龟裂和横向裂缝为主;中卫以龟裂和块状裂缝为主。需要有针对性地进行预防和维修。

4. 路面技术状况

目前,我区普通国道 PQI 平均值达到 92.5,高于交通运输部印发的《"十四五"公路养护管理发展纲要》西部指标(86)的要求;我区普通省道 PQI 平均值达到 85.97,高于国家《"十四五"公路养护发展规划》西部指标(80)的要求(图 6-8)。

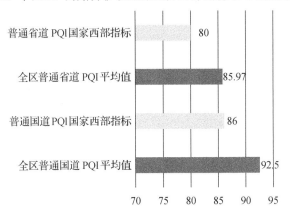

图 6-8 宁夏路面技术状况达标示意图

从 PQI 具体路段指标来看(以下路段长度含共线段里程):宁夏普通国省干线 PQI 平均值为 89.42,评定为优,评价结果为"绿色"的路段占比为 84.85%;PCI 平均值为 85.15,评定为优,其"绿色"路段占比为 71.13%;RQI 平均值为 91.95,评定为优,其"绿色"路段占比为 94.00%;RDI 平均值为 94.82,评定为优,其"绿色"路段占比为96.29%(图6-9、图6-10、表6-5)。

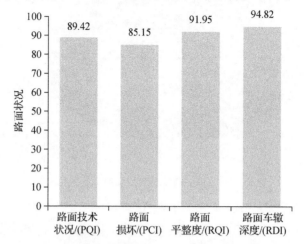

图6-9 宁夏普通国省干线公路路面指标统计

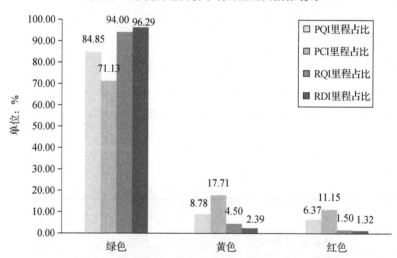

图6-10 宁夏普通国省干线路面技术状况(PQI)统计图

表6-5 宁夏普通国省干线路面技术状况(PQI)分项指标统计表

评价指标	平均值	绿色占比/%	红色占比/%	绿色/km	黄色/km	红色/km
路面技术状况(PQI)	89.42	84.85	6.37	4 080.791	422.303	306.543
路面损坏(PCI)	85.15	71.13	11.15	3 421.280	852.001	536.365
路面平整度(PQI)	91.95	94.00	1.50	4 521.095	216.506	72.036
路面车辙深度(RDI)	94.82	96.29	1.32	1 250.285	31.090	17.079

宁夏普通国省干线 PQI 平均值为 89.42,处于"绿色"范围。其中,石嘴山 PQI 平均值最好(91.58),中卫 PQI 平均值最差(84.16)(图 6-11)。

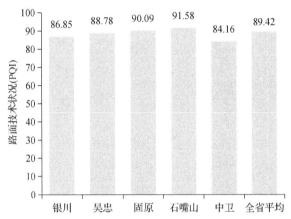

图 6-11 宁夏各养管单位普通国省干线路面技术状况(PQI)对比

宁夏各养管单位的路面技术状况指数(PQI)及分项指标统计情况如表 6-6 所示。

表 6-6 宁夏普通国省干线各养管单位的路面性能评定汇总表

养管单位所在地	路面技术状况(PQI)		路面损坏(PCI)		路面平整度(RQI)		路面车辙深度(RDI)	
	平均值	绿色占比/%	平均值	绿色占比/%	平均值	绿色占比/%	平均值	绿色占比/%
银川	86.85	84.15	82.82	61.04	90.82	89.55	92.89	93.67
吴忠	88.78	85.37	85.78	73.61	92.74	96.35	98.91	98.77
固原	90.09	89.63	88.63	78.16	92.17	95.94	95.79	100
石嘴山	91.58	94.47	89.74	84.21	93.58	97.62	93.55	95.64
中卫	84.16	74.58	79.83	62.36	90.61	90.67	92.87	97.66

(1) 石嘴山分中心管养线路

PQI 平均值为 91.58,处于"绿色"范围,其中"绿色"路段占比为 94.47%,"红色"路段占比为 1.57%;PCI、RQI、RDI 评价结果均为"绿色";在各路线 PQI 中,G244 乌江线平均值最好,S303 高汝线平均值最差。具体数据如图 6-12、表 6-7、表 6-8 所示。

(2) 固原分中心管养线路

PQI 平均值为 90.09,处于"绿色"水平,其中评价结果为"绿色"路段占比为 89.63%,"红色"路段占比为 1.13%;PCI、RQI、RDI 评价均为"绿色";在各路线

PQI 中，G566 吉天线平均值最好，S203 寨隆线平均值最差。具体数据如图 6-13、表 6-9、表 6-10 所示。

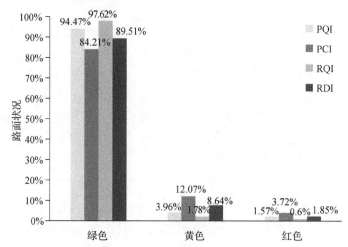

图 6-12 石嘴山分中心管养线路路面技术状况统计图

表 6-7 石嘴山分中心管养线路路面技术状况（PQI）分项指标统计表

评价指标	平均值	绿色占比/%	红色占比/%	绿色/km	黄色/km	红色/km
路面技术状况（PQI）	91.58	94.47	1.57	494.660	20.713	8.219
路面损坏（PCI）	89.74	84.21	3.72	440.921	63.168	19.503
路面平整度（RQI）	93.58	97.62	0.60	511.129	9.317	3.146
路面车辙深度（RDI）	93.55	89.51	1.85	145.213	14.02	3.006

表 6-8 石嘴山分中心管养线路各路线路面技术状况评定汇总表

路线编码	路面技术状况（PQI）		路面损坏（PCI）		路面平整度（RQI）		路面车辙深度（RDI）	
	平均值	绿色占比/%	平均值	绿色占比/%	平均值	绿色占比/%	平均值	绿色占比/%
G109	90.09	96.25	87.28	86.29	93.20	96.78	91.57	100.00
G110	91.40	95.64	89.55	78.82	93.37	100.00	92.29	91.80
G244	95.35	100.00	94.83	98.22	96.14	100.00	—	—
S101	92.32	83.01	92.71	77.78	91.17	84.97	95.67	100.00
S301	92.65	98.41	91.13	93.91	92.92	98.65	94.43	100.00
S302	92.17	100.00	89.83	86.49	95.68	100.00	—	—
S303	84.66	76.21	79.70	65.51	91.91	95.24	95.40	100.00

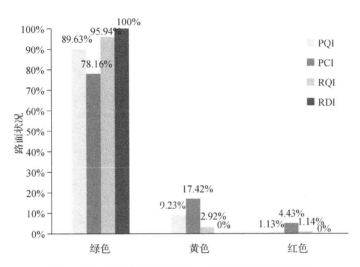

图 6-13 固原分中心管养线路路面技术状况统计图

表 6-9 固原分中心管养线路路面技术状况(PQI)分项指标统计表

评价指标	平均值	绿色占比/%	红色占比/%	绿色/km	黄色/km	红色/km
路面技术状况(PQI)	90.09	89.63	1.13	897.933	92.483	11.367
路面损坏(PCI)	88.63	78.16	4.43	782.963	174.465	44.355
路面平整度(RQI)	92.17	95.94	1.14	961.135	29.225	11.423
路面车辙深度(RDI)	95.79	100.00	0.00	147.768	0	0

表 6-10 固原分中心管养线路各路线路面技术状况评定汇总表

路线编码	路面技术状况(PQI)		路面损坏(PCI)		路面平整度(RQI)		路面车辙深度(RDI)	
	平均值	绿色占比/%	平均值	绿色占比/%	平均值	绿色占比/%	平均值	绿色占比/%
G309	92.36	98.66	91.81	95.47	92.47	92.41	95.09	100.00
G312	94.60	100.00	94.72	100.00	94.79	100.00	95.06	100.00
G327	89.70	94.79	87.39	73.09	92.10	95.40	94.52	100.00
G341	87.26	62.09	83.84	41.33	92.40	100.00	—	—
G344	91.77	97.08	90.10	94.96	93.90	99.20	94.43	100.00
G566	95.88	98.76	98.69	100.00	94.18	98.76	96.87	100.00
S103	94.16	100.00	95.04	96.50	92.92	100.00	94.79	100.00
S202	86.29	85.44	83.47	57.02	90.43	100.00	95.70	100.00
S203	83.44	65.37	79.64	44.03	88.93	87.25	95.31	100.00

续表

路线编码	路面技术状况(PQI)		路面损坏(PCI)		路面平整度(RQI)		路面车辙深度(RDI)	
	平均值	绿色占比/%	平均值	绿色占比/%	平均值	绿色占比/%	平均值	绿色占比/%
S204	88.52	92.57	87.61	87.52	89.89	92.57	—	—
S311	83.46	42.31	77.63	37.81	92.22	100.00	—	—
S312	88.04	87.90	82.95	33.71	94.85	100.00	96.74	100.00
S313	85.60	85.62	82.28	66.46	90.57	100.00	—	—

(3) 银川分中心管养线路

PQI平均值为86.85,处于"绿色"水平范围,其中"绿色"路段占比为84.15%,"红色"路段占比为6.83%;PCI、RQI、RDI评价结果都为"绿色";在各路线PQI中,G110京青线平均值最好,S308盐中线平均值最差。具体数据如图6-14、表6-11、表6-12所示。

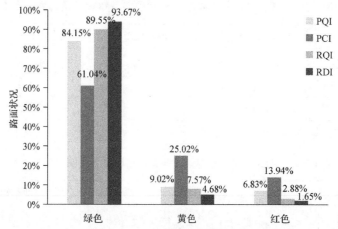

图6-14 银川分中心管养线路路面技术状况统计图

表6-11 银川分中心管养线路路面技术状况(PQI)分项指标统计表

评价指标	平均值	绿色占比/%	红色占比/%	绿色/km	黄色/km	红色/km
路面技术状况(PQI)	86.85	84.15	6.83	771.954	82.789	62.635
路面损坏(PCI)	82.82	61.04	13.94	559.947	229.557	127.874
路面平整度(RQI)	90.82	89.55	2.88	821.531	69.425	26.422
路面车辙深度(RDI)	92.89	93.67	1.65	461.875	23.090	8.145

表 6-12 银川分中心管养线路各路线路面技术状况评定汇总表

路线编码	路面技术状况(PQI)		路面损坏(PCI)		路面平整度(RQI)		路面车辙深度(RDI)	
	平均值	绿色占比/%	平均值	绿色占比/%	平均值	绿色占比/%	平均值	绿色占比/%
G109	90.15	93.50	87.80	79.54	91.84	91.86	92.72	93.06
G110	93.69	100.00	92.73	93.31	95.04	100.00	95.72	100.00
G211	91.05	96.74	89.26	89.12	93.72	100.00	—	—
G244	89.33	96.95	86.53	52.47	93.26	97.97	90.89	86.42
G307	90.74	93.24	88.56	75.34	92.91	92.63	93.93	100.00
G344	90.93	91.61	90.76	90.25	90.10	92.10	92.92	97.23
S101	92.21	86.74	91.19	69.15	92.80	100.00	94.74	100.00
S103	83.58	42.33	73.68	30.48	86.03	50.40	93.62	92.20
S104	87.68	92.99	85.96	74.15	90.25	96.57	—	—
S304	78.89	63.27	67.64	7.79	88.29	86.43	95.44	100.00
S305	84.60	70.32	79.23	43.56	88.47	85.86	93.80	96.17
S307	87.98	92.75	84.23	69.63	93.60	100.00	—	—
S308	36.15	0.00	15.40	0.00	67.29	17.92		

(4) 吴忠分中心管养线路

PQI 平均值为 88.78,处于"绿色"范围,其中"绿色"路段占比为 85.37%,"红色"路段占比为 6.09%;PCI、RQI、RDI 评价结果均为"绿色";在各路线 PQI 中,G307 黄山线平均值最好,S201 盐麻线平均值最差。具体数据如图 6-15、表 6-13、表 6-14 所示。

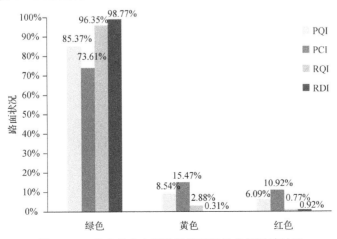

图 6-15 吴忠分中心管养线路路面技术状况统计图

表6-13 吴忠分中心管养线路路面技术状况(PQI)分项指标统计表

评价指标	平均值	绿色占比/%	红色占比/%	绿色/km	黄色/km	红色/km
路面技术状况(PQI)	88.78	85.37	6.09	1 225.080	122.624	87.389
路面损坏(PCI)	85.78	73.61	10.92	1 056.352	221.959	156.782
路面平整度(RQI)	92.74	96.35	0.77	1 382.723	41.377	10.993
路面车辙深度(RDI)	98.91	98.77	0.92	315.802	1.000	2.934

表6-14 吴忠分中心管养线路各路线路面技术状况评定汇总表

路线编码	路面技术状况(PQI)		路面损坏(PCI)		路面平整度(RQI)		路面车辙深度(RDI)	
	平均值	绿色占比/%	平均值	绿色占比/%	平均值	绿色占比/%	平均值	绿色占比/%
G109	90.78	98.55	89.24	96.92	93.09	98.55	—	—
G110	91.10	100.00	87.97	86.31	95.79	100.00	—	—
G211	92.75	100.00	91.12	86.99	95.00	100.00	97.06	100.00
G244	93.40	100.00	91.54	98.18	96.19	100.00	—	—
G307	94.62	100.00	93.54	97.49	96.24	100.00	—	—
G338	91.67	95.43	89.17	88.23	95.42	99.46	—	—
G344	91.92	96.68	91.12	88.12	92.99	97.36	98.40	100.00
S103	87.92	83.60	84.70	58.92	90.60	92.40	99.25	97.62
S201	74.94	32.54	64.50	25.62	90.55	95.08	100.0	100.00
S202	79.83	48.46	73.85	34.47	88.81	90.08	—	—
S306	82.36	77.64	79.20	49.19	87.11	91.06	—	—
S307	92.82	100.00	91.84	95.71	94.41	100.00	100.0	100.00
S308	85.20	74.99	78.92	32.83	90.96	91.53	100.0	100.00
S309	92.97	92.42	91.59	92.42	95.05	97.47	—	—
S310	84.99	76.91	81.12	74.84	90.78	96.76	—	—

(5)中卫分中心管养线路

PQI平均值为84.16,处于"绿色"范围,其中"绿色"路段占比为74.58%,"红色"路段占比为15.70%;PCI评价结果为"黄色"、RQI、RDI评价结果为"绿色";在各路线PQI中,G344东灵线平均值最好,S205中关线平均值最差。具体数据如图6-15、表6-15、表6-16所示。

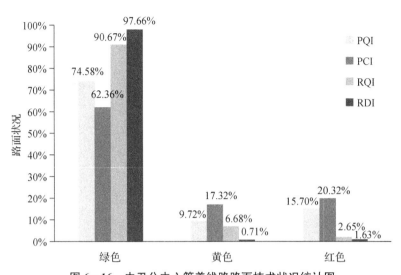

图 6-16 中卫分中心管养线路路面技术状况统计图

表 6-15 中卫分中心管养线路路面技术状况(PQI)分项指标统计表

评价指标	平均值	绿色占比/%	红色占比/%	绿色/km	黄色/km	红色/km
路面技术状况(PQI)	84.16	74.58	15.70	691.202	90.044	145.545
路面损坏(PCI)	79.83	62.36	20.32	581.070	161.389	189.341
路面平整度(RQI)	90.61	90.67	2.65	844.575	62.254	24.692
路面车辙深度(RDI)	92.87	97.66	1.63	174.427	1.269	2.911

表 6-16 中卫分中心管养线路各路线路面技术状况评定汇总表

路线编码	路面技术状况(PQI)		路面损坏(PCI)		路面平整度(RQI)		路面车辙深度(RDI)	
	平均值	绿色占比/%	平均值	绿色占比/%	平均值	绿色占比/%	平均值	绿色占比/%
G109	91.41	97.14	90.43	94.39	92.94	96.56	90.90	94.99
G338	90.88	86.56	89.11	68.79	93.43	96.48	95.47	100.00
G341	90.37	100.00	88.33	91.15	93.34	99.12	93.34	100.00
G344	95.81	100.00	95.88	100.00	95.70	100.00	—	—
S103	82.39	69.61	76.99	54.87	90.50	80.69	—	—
S202	85.26	81.50	85.90	81.50	84.29	86.72	—	—
S204	75.89	55.99	68.00	46.06	87.73	82.80	—	—
S205	71.75	27.76	61.77	24.55	86.97	81.49	96.05	100.00

续表

路线编码	路面技术状况(PQI)		路面损坏(PCI)		路面平整度(RQI)		路面车辙深度(RDI)	
	平均值	绿色占比/%	平均值	绿色占比/%	平均值	绿色占比/%	平均值	绿色占比/%
S308	91.59	97.77	90.57	85.99	92.38	100.00	93.34	100.00
S310	85.97	57.64	80.08	11.42	94.81	100.00	—	—
S311	83.09	83.66	79.77	38.01	88.06	88.82	—	—

6.1.3 农村公路网概况

1. 路网规模

截至2023年底,宁夏公路县道813 km,乡道9 134 km,村道20 085 km。宁夏农村公路的体量较大,而且农村公路具有线路短、技术等级低且分布分散的特点。目前宁夏农村公路运营养护也面临巨大压力,为了保证农村公路建养工作的有效性和科学合理性,探索构建农村公路评价指标体系,建立较为全面的评价决策体系是非常必要且较为迫切的。

依照交通运输部《公路技术状况评定标准》(JTG 5210—2018)、《公路工程技术标准》(JTG B01—2014)以及宁夏现状水平和交通运输部"十四五"目标要求,为了更加直观地体现出宁夏普通国省干线路网两项主要指标情况,采用"绿、黄、红"三色进行区分。路面技术状况指数以65、75为界限进行划分。具体说明如表6-17所示。

表6-17 农村公路路面技术状况指数颜色图例说明

项目	区间	图例	表征
农村公路PQI	PQI>75	绿	优良路段:路面技术状况指数大于75
	65≤PQI≤75	黄	中等路段:路面技术状况指数介于65~75
	PQI<65	红	次差路段:路面技术状况指数小于65

2. 路面技术状况

路面使用性能是路面变化的外观表现,对宁夏各管养单位农村公路路面技术状况指数进行汇总统计,分析结果如表6-18所示。

表 6-18　宁夏各管养单位农村公路 PQI 汇总表

政区名称	养管单位	PQI	总里程/km	PQI 排序
固原	泾源县公路管理段	60.132 66	413.135	18
固原	彭阳县公路管理段	53.712 19	1 748.291	22
固原	原州区公路管理段	59.183 34	1 674.87	19
固原	隆德县公路管理段	52.102 45	963.809	24
固原	西吉县公路管理段	54.853 85	2 230.824	21
石嘴山	惠农区公路管理段	72.682 45	389.29	6
石嘴山	平罗县公路管理段	67.074 25	950.885	11
石嘴山	石嘴山市公路管理段	77.391 43	165.602	3
吴忠	红寺堡区公路管理段	75.816 91	895.648	4
吴忠	同心县公路管理段	68.372 41	1 629.846	7
吴忠	吴忠市太阳山开发区	79.826 21	86.036	1
吴忠	盐池县公路管理段	78.301 62	895.228	2
吴忠	青铜峡市公路管理段	68.259 57	959.567	8
吴忠	吴忠市公路管理段	62.000 28	995.112	16
银川	兴庆区交通运输局	75.243 65	176.319	5
银川	银川市公路管理处	64.043 86	49.713	15
银川	贺兰县公路管理段	64.664 88	706.637	13
银川	金凤区住房和建设交通局	67.197 89	112.496	10
银川	宁东管委会	48.501 13	51.277	25
银川	灵武市公路管理段	67.895 6	779.877	9
银川	西夏区住房城乡建设和交通局	64.953 9	307.804	12
银川	永宁县公路管理段	64.351 44	463.453	14
中卫	海原县公路管理段	53.157 53	2 282.119	23
中卫	中宁县公路管理段	61.355 97	1 208.837	17
中卫	中卫市沙坡头区公路管理段	55.709 39	1 340.692	20

由表 6-18 可知,宁夏农村公路路面技术状况处于较低水平,PQI 值低于 80,其中吴忠市太阳山开发区农村公路路面技术状况指数最高,达 79.826 21,银川宁东管委会的农村公路路面技术状况指数最低,仅为 48.501 13。由图 6-

17可知,吴忠、石嘴山农村公路路面技术状况较好,中卫、固原农村公路路面技术状况相对较差。

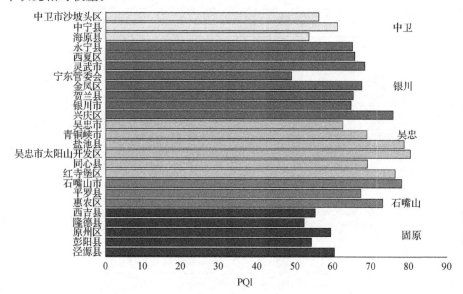

图6-17 宁夏各管养单位农村公路PQI汇总图

考虑农村公路体量大、线路短、技术等级低且分布分散的特点,本书选取银川市兴庆区交通运输局、固原隆德县公路管理段、中卫中宁县公路管理段、石嘴山平罗县公路管理段、吴忠盐池县公路管理段共5个典型县(区)进行分析。

(1)银川兴庆区交通运输局

对银川兴庆区交通运输局农村公路PQI进行调查,其结果如图6-18所示,"绿色"路段总长94.969 km,占比54%;"黄色"路段总长57.501 km,占比33%;"红色"路段总长22.098 km,占比13%。整体来看,兴庆区农村公路优良路段相对较多,次差路段相对较少,应加强对次差及中等路段的养护。

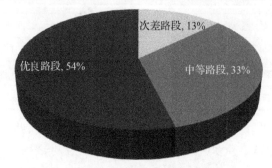

图6-18 兴庆区农村公路PQI分布

(2) 固原隆德县公路管理段

对固原隆德县公路管理段农村公路 PQI 进行调查,其结果如图 6-19 所示,"绿色"路段总长 80.718 km,占比 8%;"黄色"路段总长 84.454 km,占比 9%;"红色"路段总长 795.405 km,占比 83%。整体来看,隆德县农村公路处于较差水平,应加强对隆德县农村公路的养护。

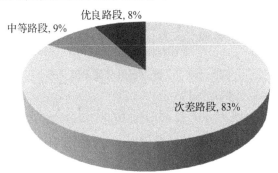

图 6-19　隆德县农村公路 PQI 分布

(3) 中卫中宁县公路管理段

对中卫中宁县公路管理段农村公路 PQI 进行调查,其结果如图 6-20 所示,"绿色"路段总长 193.847 km,占比 15%;"黄色"路段总长 317.167 km,占比 25%;"红色"路段总长 762.967 km,占比 60%。整体来看,中宁县农村公路次差路段及中等路段占比较高,应加强对中宁县农村公路的养护。

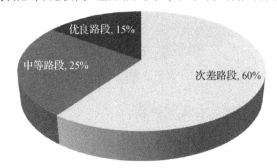

图 6-20　中宁县农村公路 PQI 分布

(4) 石嘴山平罗县公路管理段

对石嘴山平罗县公路管理段农村公路 PQI 进行调查,其结果如图 6-21 所示,"绿色"路段总长 327.473 km,占比 34%;"黄色"路段总长 251.406 km,占比 26%;"红色"路段总长 371.673 km,占比 39%。整体来看,平罗县农村公路次差路段及中等路段占比较高,应加强对平罗县农村公路的养护。

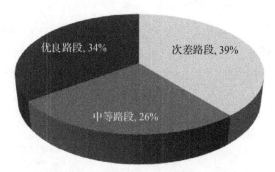

图 6-21 平罗县农村公路 PQI 分布

（5）吴忠盐池县公路管理段

对吴忠盐池县公路管理段农村公路 PQI 进行调查,其结果如图 6-22 所示,"绿色"路段总长 638.36 km,占比 71%;"黄色"路段总长 133.202 km,占比 15%;"红色"路段总长 123.666 km,占比 14%。整体来看,盐池县农村公路优良路段占比相对较高,对于次差及中等路段应加强其农村公路的养护。

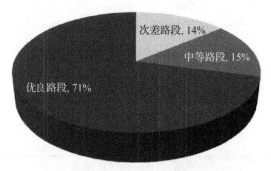

图 6-22 盐池县农村公路 PQI 分布

6.2 宁夏公路路面技术状况评价

路面性能既是路面设施技术状况的综合反应,又直接影响道路交通的舒适性和安全性。路面使用性能是路面变化的外观表现,采用科学、合理的指标定量表征路面的使用性能,也是路面养护决策各项工作开展的基础。本书采用交通量、路面技术状况各项指标建立路面综合评价模型,对路面性能进行科学、准确评价,对于提高路面服务质量,进行路面养护维修决策具有重要作用。

6.2.1 公路路面技术状况评价的挑战

从当前的技术状况评价指标体系不完善、技术检测手段的限制、数据收集与处理的难度、建养资金的限制、技术创新与应用的难度对技术检测的影响等方面入手，分析评价公路路面技术状况面临的挑战。

1. 评价指标体系不完善

当前公路路面技术状况的评价指标体系面临着多方面的挑战。首先，现有的评价体系往往缺乏灵活性和适应性，难以准确反映新材料和新技术的应用效果。此外，评价指标体系的更新滞后，不能及时反映公路路面技术发展的最新趋势。为了提高评价体系的准确性和实用性，需要不断完善评价指标，加强对新技术和新材料应用效果的监测与评价。

在构建全面且有效的多维度评价指标体系方面，面临的主要挑战是如何确保该体系能全面覆盖公路路面技术状况的关键性能指标，同时兼顾环境和经济因素。评价指标的选择必须基于对公路性能影响因素的深入理解，确保每个指标都能准确反映公路状况的某一方面。例如，平整度指标可以通过路面不平度指数来量化，而安全性指标则可能涉及交通事故率、路面标识的清晰度等因素。

权重分配需基于公路各基础设施的服务功能、历史数据分析以及相关研究成果，通过多标准决策分析方法（如层次分析法、模糊综合评价法等）来实现。此外，随着新技术和新材料的不断发展，评价指标体系也需要适时更新和调整，以反映这些变化对公路性能的影响。

2. 技术检测手段的限制

目前使用的技术检测手段在精度、效率和适用性方面存在限制。例如，一些传统的检测方法如视觉检查和简单的机械测试，无法准确评估公路路面的微观结构和深层次损伤。随着技术的发展，虽然出现了更为先进的检测手段，如激光扫描、红外热成像技术等，但这些技术往往成本高昂，且对操作人员的技术要求较高，限制了它们的广泛应用。

选择和实施最合适的技术路线需综合考虑多方因素，包括成本、效率、可行性以及技术的兼容性等。在众多技术方案中做出选择，要求评价团队不仅具备深厚的专业知识，还需对市场上的最新技术动态有充分了解。例如，无人机航拍技术为数据采集方面提供了高效的解决方案，但其应用需考虑操作成本、数据处理能力以及相关法律法规。

技术实施过程中的挑战包括确保技术与现有系统的兼容性、操作人员的培训以及设备的维护和升级。其中操作人员的培训尤为重要，因为他们需要掌握新技术的操作技能以确保数据采集的准确性。此外，随着技术的进步和政策环境的变化，技术路线也需适时调整，以保证评价工作能够反映最新的技术标准和行业规范。

在应对这些挑战的过程中，关键在于建立灵活、可适应的评价体系，能够及时吸纳新技术、新方法，并在实践中不断优化和完善。同时，应加强跨学科合作，利用计算机科学、数据分析、交通工程等领域的最新研究成果，显著提高评价工作的科学性和准确性。

3. 数据收集与处理的难度

数据收集与处理在公路路面技术状况评价中也是一个重要而复杂的环节。收集到的数据量巨大、类型多样，包括图像数据、结构数据、性能测试数据等。如何从这些庞杂的数据中提取出有用信息，是技术挑战。此外，数据的质量控制、存储和长期管理也需要投入大量的资源和精力。

4. 建养资金的限制

资金限制是影响公路路面技术状况评价的一个重要因素。先进的检测技术和设备往往成本高昂，而且评价工作需要持续进行，这对资金的要求较高。资金限制不仅影响了检测技术和设备的购置和更新，还限制了技术人员的培训和专业发展，进一步加大了公路路面技术状况评价的难度。

5. 技术创新与应用的难度

在技术创新方面，公路路面技术状况评价面临的首要挑战是如何将新技术和方法从理论转化为实践的应用。当前，尽管市场上存在众多先进的评价技术，如无人机航拍、地面穿透雷达（GPR）、自动化数据采集系统等，但这些技术的实际应用却受到多重因素的限制。首先，高昂的技术设备成本使得大规模部署变得不切实际；其次，技术设备操作复杂性要求操作人员具备高级技能和专业知识，这在人力资源有限的情况下显得尤为困难；最后，技术在不同地区的适应性问题也是一个不容忽视的挑战，因为地理、气候和交通流量等因素都会影响技术的有效性。

为克服这些难度，不仅需要持续的技术研究与开发，推动技术创新，还需要对现有技术进行优化和调整，以适应具体的应用场景。此外，提高技术设备的成本效益，简化操作流程，增强技术的适应性和灵活性，也是实现技术应用的关键。

综上所述，公路路面技术状况的评价面临着体系更新滞后、技术检测手段限制、数据收集与处理难度大、资金限制、技术创新与应用等多方面的挑战。为了提高评价的准确性和效率，需要不断探索和采纳新的技术手段，完善评价体系，并寻求更有效的资金支持策略。此外，还需要加强人员培训，提高评价工作的专业性和技术性，以适应公路路面技术快速发展的需要。

6.2.2 宁夏公路"三色"综合评价划分

考虑现行评价结果划分相对繁杂，对于评价指标的划分分为"优、良、中、次、差"五个等级，为了简化评价流程及更加客观地反映全区公路的评定状况和道路现状，依据《公路沥青路面养护技术规范》（JTG 5142—2019），宁夏提出"三色"综合评价法，即为体现出同一路线各个路段的交通量大小和路面技术状况的不同，将评价结果划分为绿、黄、红三个等级。高速公路、普通国道、普通省道、农村公路具体划分结果分别如表 6-19～表 6-22 所示（1 为"绿"，2 为"黄"，3 为"红"）。

对于农村公路，"三色"划分原则及目标主要按照实现"十四五"末农村公路 MQI 优良中等路率超过 85% 的原则进行编制。

1. 指标选取

PQI 为 MQI 分项指标之一，且占 MQI 权重最大，因此选择 PQI 作为"三色"评价指标进行"三色"划分。

2. 指标范围确定

首先，2023 年宁夏农村公路 PQI 的平均值为 78.41。其次，考虑到公路技术状况指标按 3%～5%/a 衰减，按照实现"十四五"末农村公路优良中等路率超过 85% 的原则，为保证到 2025 年末，现状"优良中"路段的 PQI 指标不至于降至"次差"，仍能够保持在 70 以上，经过反向推算，2023 年的公路 PQI 应保持在 77.56 以上，与 2023 年农村公路 PQI 的平均值 78.41 相差不大，因此，选取平均值 79 作为"绿""黄"界限。

根据《公路技术状况评定标准》（JTG 5210—2018）要求，"中"的下限为 70，"次"的下限为 60，考虑到技术状况等级为"次"的路段中仍有部分路段提升改造不是特别急迫，因此"黄""红"界限以"次"的中值 65 进行划分。

表6-19 高速公路"三色"综合评价划分

PCI	RQI	RDI	SRI/PWI	交通量/(辆/昼夜)	分类
≥92	≥90	≥80	≥75	≤15 000	1
				>15 000	2
			<75	—	2
		<80	—	—	3
	80~90	—	—	—	2
	<80	—	—	—	3
80~90	≥80	—	—	—	2
	<80	—	—	—	3
<80	—	—	—	—	3

表6-20 普通国道"三色"综合评价划分

PQI	PCI	RQI	交通量/(辆/昼夜)	分类
≥85	≥85	≥85	—	1
		75~85	≥10 000	1
			>10 000	2
		<75	—	2
	75~85	—	—	2
	<75	—	—	3
75~85	≥75	—	—	2
	<75	—	—	3
<75	—	—	—	3

表6-21 普通省道"三色"综合评价划分

PQI	PCI	RQI	交通量/(辆/昼夜)	分类
≥80	≥80	≥80	—	1
		70~80	≤10 000	1
			>10 000	2
		<70	—	2
	70~80	—	—	2
	<70	—	—	3

续表

PQI	PCI	RQI	交通量/(辆/昼夜)	分类
70～80	≥70	—	—	2
	<70	—	—	3
<70	—	—	—	3

表6-22 农村公路"三色"综合评价划分

评定指标	区间	表征	图例
农村公路路面 PQI	PQI≥78.34	优良路段路面技术状况指数大于78.34	绿
	65≤PQI≤78.34	中等路段路面技术状况指数介于65～78.34	黄
	PQI<65	次差路段路面技术状况指数小于65	红

6.2.3 宁夏公路路面性能分类评价

1. 模型建立

（1）确定训练集、训练集标签、测试集、测试集标签

① 训练集

采用"三色"评价标准等级，将交通量、PQI、PCI、RQI指标作为训练数据。

② 训练集标签

按照评价标准计算各个路段的PQI，评价为绿色的标签为1，黄色的标签为2，红色的标签为3。

③ 测试集

测试集为所要评价路段的交通量、PQI、PCI、RQI指标数据。

④ 测试集标签

按照评价标准计算各个路段的PQI，评价为绿色的标签为1，黄色的标签为2，红色的标签为3。

（2）创建/训练SVC分类模型

利用LIBSVM软件包中的函数svmtrain可以实现支持向量机（SVC）分类模型的创建和训练。考虑到核函数类型、参数的取值对回归模型的性能影响较大，在设计时应综合考量。

model＝swmtrain(train_label,train_matrix,'libsvm_options');

其中，train._label为训练集样本对应的类别标签；train_matrix为训练集

样本的输入矩阵;libsvm_options 为 SVC 模型的参数及其取值;model 为训练好的 SVC 模型。核函数选择为:$k(x,y)=\exp(-gx-y)$。

（3）通过最佳参数对测试集进行测试

函数 svmpredict 用于利用已建立的 SVM 模型进行仿真预测,其调用格式为:

[predict_label,accuracy] = svmpredict(test_1abel,test_matrix,model);

其中,test_label 为测试集样本对应的类别标签;test_matrix 为测试集样本的输入矩阵;model 为利用函数 svmtrain 训练好的 SVM 模型;predict_label 为预测得到的测试集样本的类别标签;accuracy 为测试集的分类正确率。

2. 训练集和测试集的确定

本书选用宁夏 G109 路段中的二级公路中的 285 组数据作为模型的训练集和测试集,训练集为 200 组数据,测试集为 85 组数据,评价指标为交通量、PQI、PCI、RQI 指标。输出指标分为绿、黄、红 3 个等级,标签分别为 1、2、3。依据 6.2.2 节中"三色"划分结果进行模型建立,部分数据如表 6-23 所示。

表 6-23 宁夏 G109 部分路段技术状况指标等级划分

路线	起点桩号	终点桩号	技术等级	路面类型	交通量	PQI	PCI	RQI	等级	标签
G109	1125.932	1127.415	二级	沥青	29 567	91.91	89.75	95.16		1
G109	1127.415	1128.123	二级	水泥	29 567	78.68	79.37	77.65		2
G109	1128.123	1129	二级	沥青	23 805.5	95.34	94.64	96.38		1
G109	1129	1130	二级	沥青	23 805.5	93.25	91.45	95.95		1
G109	1130	1131	二级	沥青	23 805.5	52.33	87.22	0		2
G109	1131	1132	二级	沥青	23 805.5	88.34	86.84	90.59		1
G109	1132	1133	二级	沥青	23 805.5	94.39	92.65	97		1
G109	1133	1134	二级	沥青	23 805.5	90.06	86.6	95.24		1
G109	1134	1135	二级	沥青	23 805.5	93.51	91.47	96.57		1
G109	1135	1136.203	二级	沥青	23 805.5	90.61	87.09	95.88		1
G109	1136.203	1137	二级	沥青	30 067.5	94.78	93.8	96.26		1
G109	1137	1138	二级	沥青	30 067.5	93.27	91.57	95.81		1
G109	1138	1139	二级	沥青	30 067.5	87.91	85.22	91.95		1
G109	1139	1140	二级	沥青	30 067.5	92.01	89.51	95.75		1
G109	1140	1141	二级	沥青	30 067.5	85.03	81.87	89.75		2

续表

路线	起点桩号	终点桩号	技术等级	路面类型	交通量	PQI	PCI	RQI	等级	标签
G109	1141	1142.224	二级	沥青	30 067.5	88.34	84.92	93.48		2
G109	1142.224	1143	二级	沥青	28 060.07	91.66	91	92.65		1
G109	1143	1143.76	二级	沥青	28 060.07	90.55	89.29	92.43		1
G109	1143.76	1145	二级	沥青	28 060.07	93.43	92.68	94.55		1
G109	1145	1146	二级	沥青	28 060.07	94.39	93.61	95.57		1
G109	1146	1147.008	二级	沥青	28 060.07	94.25	93.71	95.06		1

3. 分类结果

采用 K-CV 模型交叉验证进行网格寻优,选择最佳的惩罚参数 c 的取值范围为 $2^{-8} \sim 2^8$,g 的取值范围为 $2^{-8} \sim 2^8$,通过对模型进行训练得出网格寻优法最佳参数 $c_1 = 27.858$,$g_1 = 1.741$,此时,测试集准确率达 98.823%。支持向量机模型测试结果如图 6-23 所示。

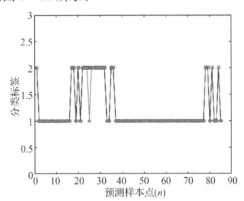

图 6-23 支持向量机模型测试结果

基于此,对全区数据进行有效筛选,通过对模型训练得到 2022 年全区"绿色"路段达 915.137 km,占比 33.74%,"黄色"路段达 887.508 km,占比 32.72%,"红色"路段达 909.531 km,占比 33.54%。

6.2.4 宁夏公路"三色"可视化管理系统

1. 平台概述

平台以全区高速公路、普通国省干线公路、农村公路为研究对象,运用大数据等新技术构建宁夏公路技术状况数据库,建立符合宁夏实际情况的公路状况评价体系,依托大数据技术实现评价结果数字化、可视化,搭建适用于宁夏地区现状,直观易行的公路"三色"可视化管理决策系统。

宁夏公路"三色"可视化管理系统的具体功能模块如表 6-24 所示、应用功能如图 6-24 所示。

表 6-24 功能模块列表

序号	功能模块	备注
1	"三色"可视化决策	
1.1	公路台账	
1.2	路段台账	
1.3	桥梁管理	
1.4	隧道管理	
1.5	交通量管理	
1.6	公路技术状况	
1.7	养护单位管理	
1.8	养护台账	
1.9	"三色"模型	
1.10	养护决策模型	
1.11	"三色"系统概览	
1.12	综合查询	
1.13	养护决策管理	
2	系统管理	
2.1	用户管理	
2.2	应用权限	
2.3	基础数据	
2.4	系统功能	
2.5	日志查看	
2.6	通知管理	
2.7	监控管理	

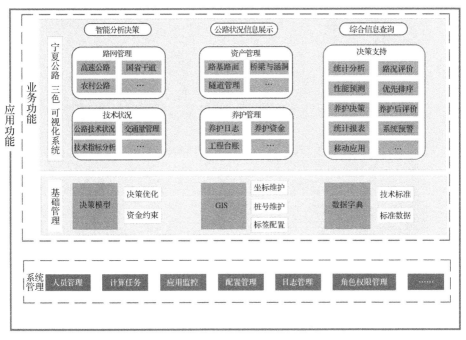

图 6-24 应用功能

2. 系统架构

总体业务架构如图 6-25 所示,平台技术架构如图 6-26 所示。

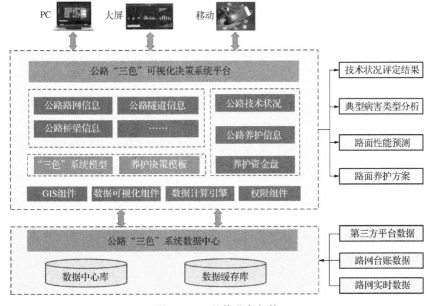

图 6-25 总体业务架构

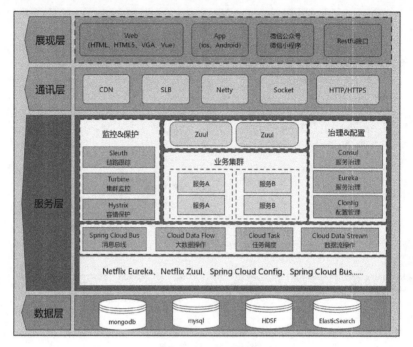

图 6-26　平台技术架构

3. 公路"三色"可视化决策功能

（1）功能划分

系统平台包括"三色"决策与系统管理两部分。

主要包括：公路台账、路段台账、桥梁管理、隧道管理、交通量管理、公路技术状况、养护单位管理、养护台账、"三色"模型、养护决策模型、"三色"系统概览、综合查询、养护决策管理以及系统管理等。

（2）系统首页

展示宁夏地图及其路面技术状况的可视化，同时呈现全区范围内的高速公路和省级干道的相关决策信息及概况。实现主页面与数据的联动功能，用户可按年份、路线编号、公路类别、管养单位及指标名称等进行筛选。各类信息可通过颜色编码进行区分，以便直观展示数据，提升决策的便捷性和准确性。其用户界面如图 6-27 所示。

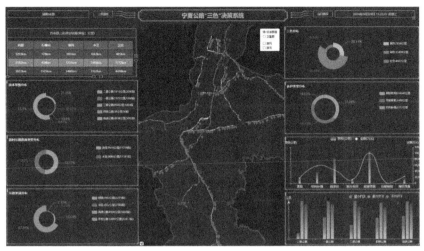

图 6-27 系统首页

6.3 宁夏公路建设与养护发展展望

6.3.1 技术创新与应用

随着科技的迅速发展,未来我国公路建设与养护领域预计将广泛采纳创新技术,以提升公路系统的效率、安全性和可持续性。智能化、数字化技术的应用,例如大数据分析、云计算、物联网、人工智能和自动化技术,将成为公路建设与养护的新常态。

1. 大数据与云计算

在探讨公路建设与养护领域的技术创新与应用时,大数据与云计算技术扮演着不可或缺的角色。大数据的应用不仅涉及大量交通数据的收集和存储,更重要的是通过先进的数据分析和处理技术,实现对交通流量、拥堵状况以及道路使用情况的深入分析。大数据分析能够揭示交通系统中的潜在问题,而云计算技术则提供了实时的数据处理和反馈能力。这种实时性和准确性为交通管理部门提供了丰富的决策支持,使其能够及时调整交通流向,优化路况,提升公路系统的整体运行效率。

2. 物联网

物联网技术的应用也是公路建设与养护领域的重要方向之一。通过在公路基础设施上部署各种传感器和监测设备,可以实现对公路状况的实时监测和数据收集。这些传感器可以监测路面的温度、湿度、压力等参数,还可以监测交通流量、车辆速度等信息。通过物联网技术,这些数据可以实时传输到数据中心,为交通管理和公路养护提供及时的参考依据。同时,物联网技术还可以实现对公路设施的远程监控和管理,使管理人员能够随时随地了解公路状况,及时发现并解决潜在问题,提高公路系统的可靠性和安全性。

3. 人工智能

人工智能技术在公路建设与养护领域的应用也是不可忽视的。人工智能技术可以通过对大量的交通数据进行分析,发现交通规律和趋势,并据此进行智能化的交通管理。例如,智能交通信号灯系统可以根据实时的交通流量和路况,自动调整信号灯的时序,优化交通流向,减少拥堵。此外,人工智能技术还可以应用于公路养护中,通过图像识别和机器学习算法,对道路状况进行快速准确的评估,帮助管理人员及时发现并处理路面问题,提高公路的安全性和舒适度。

4. 自动化技术

自动化技术在公路养护领域的应用正日益成为焦点。随着科技的不断进步,无人机巡检和自动化修复设备等自动化技术已经成为公路养护的重要利器,为公路建设与维护提供了全新的解决方案和工具。

首先,无人机巡检技术在公路养护中发挥着越来越重要的作用。传统的公路巡检方式往往需要大量的人力、物力,而且存在着人员安全隐患和工作效率低下的问题。而引入无人机进行巡检则能够实现从空中全方位、高清晰度地监测公路状况,无须人员直接接触危险区域,大大提升了工作的安全性和效率。无人机配备的高精度摄像头和传感器能够捕捉到道路表面的微小瑕疵和损坏,及时发现裂缝、坑槽等问题,为后续的养护工作提供了重要的数据支持。

其次,自动化修复设备的应用也为公路养护带来了革命性的改变。传统的公路维护往往需要大量的人力和时间,而且在一些特殊环境下,比如恶劣天气或者交通高峰期,维护工作难以开展。而自动化修复设备的引入则可以实现公路维护的自动化和智能化。比如,一些具有自主导航功能的维修机器人可以根据预先设置的路线自动巡航在公路上,对发现的损坏进行实时修复,从而大大缩短维护周期,提高公路的可用性和安全性。

除此之外,自动化技术还可以结合大数据和人工智能等先进技术,实现公路养护的精准化和智能化。例如,通过大数据分析,结合人工智能算法,可以实现对公路状况的实时监测和预测,及时发现潜在的安全隐患,为养护工作提供科学依据。同时,自动化技术还可以与物联网技术相结合,实现公路设施的远程监控和管理,提高公路设施的可靠性和安全性。

总的来说,自动化技术的应用为公路建设与养护带来了全新的机遇和挑战。未来随着科技的不断发展和创新,自动化技术在公路养护领域的应用将会更加广泛和深入,为构建更加安全、高效和可持续的公路系统提供强有力的支持。

6.3.2 绿色环保发展

面对全球气候变化和环境保护的挑战,未来我国公路建设将更加重视绿色环保理念的实施。通过采用低碳建材、绿色施工技术和生态修复与景观设计措施,公路建设不仅能够减少对环境的影响,还能提升公路的可持续性。

1. 低碳建材的应用

随着对碳排放和资源消耗的日益关注,公路建设将越来越倾向于采用低碳、环保的建筑材料。除了再生混凝土和其他可持续材料外,还会推动沥青混合料等传统建材的绿色化改造。同时,积极利用可再生能源如太阳能、风能等为公路照明和信号系统供电,不仅减少了对传统能源的依赖,还降低了公路运营阶段的环境影响,图 6-28 所示为 RAP 料路缘石。

图 6-28 RAP 料路缘石

2. 绿色施工技术

在绿色施工技术方面,公路建设将更加注重减少施工活动对周围环境的污染和居民生活的干扰。封闭施工、粉尘控制、噪声控制和水资源管理等绿色施工技术将成为常态化的施工标准。通过采用现代化的施工设备和环保工艺,可以最大限度地减少施工过程中的环境污染,确保施工活动与周边环境的和谐共生(如图6-29、图6-30所示)。

图6-29 乌玛高速青铜峡至中卫段沙漠公路高立式大网格沙障带

图6-30 位于沙漠腹地的乌玛高速青铜峡段

3. 生态修复与景观设计

生态修复与景观设计是公路建设后期不可或缺的环节。一旦公路建设完成,生态修复与景观设计就成为保护生态环境、恢复生态功能的必要手段,这包括植被恢复、水土保持、生态廊道建设等措施。通过合理规划和设计,公路沿线的生态系统可以得到有效保护和恢复,进而保护野生动植物栖息地,减少水土流失,维护生态平衡。同时,精心设计的景观可以提升公路沿线的美观度,使其成为人们休闲观光的目的地,进一步促进公路旅游产业的发展(如图6-31所示)。

图6-31 通车后的中卫下河沿黄河公路大桥

4. 新能源基础设施建设

推广节能低碳交通工具,加快普通国省干线公路服务区和停车区充换电基础设施建设,构建便利、高效、低碳的新能源基础设施网络体系;因地制宜开展路域光伏等发电试点,发挥宁夏光照时间长和土地资源的优势,以中卫下河沿黄河公路大桥工程沙坡头公路养护站屋顶 0.11 MW 分布式光伏发电示范工程为试点,充分利用服务区、停车区、建筑屋顶等空间资源建设分布式光伏发电设施,开展"交通+分布式光伏"和"光储充"工程试点应用,推进公路交通与新能源融合发展,如图 6-32 所示为"光储充"一体化原理图。

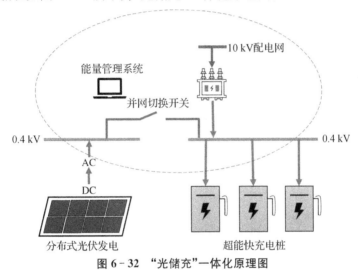

图 6-32 "光储充"一体化原理图

5. 公路废旧材料循环利用

从整个交通行业来看,我国公路交通基础设施建设已从"建设为主"模式过渡为"建养并重"的发展阶段,每年因公路养护维修产生的大量公路废旧材料无法被高效循环利用,已成为制约交通行业、产业体系绿色低碳循环发展的重要障碍。据统计,"十四五"期间,仅宁夏地区各类公路产生 RAP 料就超过了 470 万 t,废旧公路交安设施超过 5 000 t,另有大量沥青混凝土废旧材料、公路废旧污工材料亟需再利用。宁夏近年来加快完善公路废旧材料循环利用体系建设,坚持零废弃理念,开展公路废旧材料政策体系、评估评价体系、技术标准体系、市场体系、公路废旧材料再生循环利用技术碳排放核算体系研究,推进各类再生技术设计与应用,对持续推进黄河流域生态保护先行区建设和交通强国绿色低碳专项试点示范具有重要意义。图 6-33 所示为省道 202 线南梁至冯记沟段公路。

图 6-33　省道 202 线南梁至冯记沟段公路

综上所述，绿色环保理念的贯彻将成为未来我国公路建设的主旋律。通过低碳建材的应用、绿色施工技术的采用、生态修复与景观设计、新能源基础设施建设以及公路废旧材料循环利用的实施，公路建设和养护不仅能够减少对环境的负面影响，还能提升公路的可持续性，实现经济发展与环境保护的双赢局面。

6.3.3　资金投入与融资模式创新

创新融资模式的扩展和应用，对于公路建养项目所需的巨额资金投入具有至关重要的作用。这些创新融资模式不仅能够满足资金需求，还能促进公路建设与养护的可持续发展。

1. 基础设施投资资金的建立与运作

基础设施投资资金通过集中政府、金融机构及私营投资者的资金，为公路建设和养护项目提供专项资金支持。这种资金的运作模式优势在于其能够通过专业化的资金管理，有效降低项目风险，同时提高资金的使用效率和投资回报。资产证券化作为增加资金流动性的一种方式，能够将长期的基础设施投资转化为投资者更易于交易的金融产品，吸引更广泛的市场参与。为确保投资者的信心，资金的透明度和管理的高效性至关重要，这通常通过引入第三方评估和审计机构来实现，确保资金运作的公开和透明。

2. 公益投资者和社会资本的引入

将公益投资者和社会资本引入公路建设项目，不仅为项目带来了新的资金来源，还增加了项目对社会贡献的可能性。这类投资者通常更注重项目的社会影响，如改善交通安全、促进地区经济发展和环境保护等，而非仅仅追求经济利益。因此，项目方在筹划和设计项目时，需更加关注项目的社会价值，以吸引这类资本的投资。同时，通过与地方政府、社会组织和公众的合作，可以提升项目的社会认可度和支持度,为项目的顺利实施创造良好的社会环境。

3. 绿色金融和可持续投资的应用

绿色金融和可持续投资的兴起为公路建养项目提供了符合当前环保趋势的资金支持渠道。通过实施符合绿色金融标准的项目设计和建设,不仅能够减少项目对环境的负面影响,还能够吸引那些重视企业环境责任和可持续发展的投资者。为了达到这些标准,项目需要采用低碳技术、绿色建材和可持续的运营管理措施。此外,项目还应进行环境影响评估,并在项目规划和执行过程中采取有效措施,以保护生态环境和促进社会经济的和谐发展。

4. 区块链技术在融资中的应用

区块链技术的应用为公路建养项目的融资提供了一种全新的资金募集、管理和分配机制。通过建立去中心化的平台,项目能够直接连接投资者和资金需求方,减少中介成本,提高资金流通的效率。此外,区块链平台的透明性和不可篡改性为投资者提供了高度的安全保障,增强了投资者对项目融资过程的信任。为了有效利用区块链技术,项目方需要与技术提供商合作,开发适合公路建养项目特点的区块链融资解决方案,包括智能合约的设计与执行、数字资产的发行与交易,以及资金流动的监控与管理。

综合来看,通过这些创新融资模式和策略的应用,公路建养项目可以有效应对资金投入的挑战,同时促进项目的可持续发展。这些模式和策略的成功实施,需要政府的政策支持、市场的积极参与以及投资管理的专业化运作,以期共同构建一个多元化融资的生态系统,为公路建设与养护领域注入新的活力。

6.3.4 安全性指标的提升

随着全球交通基础设施的发展,公路建设和养护的安全性已成为各国关注的重点。提高公路建设与养护的安全性不仅有助于减少交通事故,保障驾驶员和行人的生命财产安全,同时也能提高道路的使用寿命和效率。以下是关于在公路建设与养护中如何提升安全性指标的详细内容。

1. 设计阶段的安全性考虑

在公路建设的设计阶段,安全性是其首要考虑因素之一。路线规划与设计应尽量避免急弯、陡坡等高风险路段,这不仅能提高行车舒适度,还能大大降低事故发生的概率。应用地理信息系统(GIS)和交通模拟软件,可以有效预测和评估不同设计方案的安全性,从而选择最佳方案。此外,合理的交通流量管理也至关重要,通过科学的流量预测,合理设置车道数量、车道宽度和行车道间距,可确保在高峰期交通顺畅,减少事故发生的潜在风险。

2. 建设阶段的安全性保证

在公路建设过程中,施工安全管理是确保工程顺利进行的关键。应严格执行施工安全管理规范,确保施工人员的安全,不仅包括安全培训和安全标志设置,还包括施工现场的安全防护设施。同时,采用高质量的建筑材料和先进的施工技术也是保证公路安全性的关键。例如,使用抗滑材料铺设路面,可以有效提高公路在各种天气条件下的安全性,减少滑倒和失控事故的发生。

3. 运营阶段的安全措施

公路投入使用后,运营阶段的安全措施是保障长久安全的核心。智能交通系统(ITS)通过实时监控、交通流量管理和事故预警等功能的应用,可以显著提高公路的整体安全性。安装交通监控摄像头、电子告示牌和智能红绿灯等设施,不仅可以实时监控交通状况,还能及时发布交通信息,帮助驾驶员做出安全决策。规范的道路标志与标线设置也是保障安全的重要措施,特别是在弯道、坡道和交叉路口等易发生事故的地段,设置醒目的警示标志和减速带,能有效提醒驾驶员注意安全。

4. 养护阶段的安全管理

公路的定期检测与维护是确保其长期安全使用的重要环节。建立定期检测和维护制度,对公路进行全面检查,及时修补路面裂缝、坑槽和防护设施的损坏部分,可以防止因路面问题引发的交通事故。此外,应制定公路灾害应急预案,配备应急救援设备和物资,确保在发生自然灾害(如地震、洪水)时,能够迅速响应,保障公路的安全通行。

5. 安全技术与装备

提升公路安全性的另一个重要方面是应用先进的安全技术与装备。在公路两侧和中央隔离带设置防撞护栏,特别是在高架桥、隧道等高风险路段,加强防撞设施的防护能力,可以有效降低碰撞事故的严重程度。提高道路照明设施的覆盖范围和照明强度,特别是在夜间和恶劣天气条件下,可保障驾驶员的视野清晰,减少事故发生的概率。

6. 政策与法规

制定和完善公路建设与养护的安全标准和规范,是从根本上保障安全的重要措施。在设计、施工、运营和养护的各个阶段,都应遵循严格的安全标准,加强对公路建设和养护项目的安全监督和评估,通过第三方评估机构定期审查安全性指标,发现问题及时整改。此外,政府应制定鼓励措施,推动企业和科研机构研发和应用先进的安全技术和装备,从而提升公路的整体安全水平。

7. 公众参与和教育

增强公众的交通安全意识也是保障公路安全的重要环节。可通过媒体、社区活动和驾驶学校,开展公路安全教育,增强公众的交通安全意识,培养良好的驾驶习惯和文明的交通行为。同时,建立公众参与机制,鼓励社会公众对公路建设和养护的安全性提出意见和建议,形成全社会共同关注公路安全的良好氛围。

总而言之,提升公路建设与养护中的安全性指标是一个系统工程,需要在设计、建设、运营和养护的各个阶段采取综合措施,同时结合智能技术和政策法规,不断提高公路的整体安全水平。通过全方位、多层次的安全管理,确保公路在使用寿命内始终保持高安全性,为公众提供一个安全、可靠的出行环境,这不仅是对公共安全的保障,还是社会经济可持续发展的重要基础。

第七章

宁夏公路建养资金预算管理分析

7.1 宁夏公路财务管理概述

7.1.1 公路财务管理发展历程

宁夏回族自治区的公路财务管理体系经历了从初步建立、发展完善到深化优化三个阶段，这一发展历程展示了区域内公路管理从基础设施建设、资金分配到信息化管理等方面的全面进步。

1. 初步建立阶段

这一阶段着重于建立公路资产管理的基础框架和初步制度。通过制定公路资产管理相关法规和办法，确立了公路资产的定义、分类以及管理的基本职责和原则。重点是确保公路资产的安全、完整，并充分发挥其功能，为公路事业的发展提供支撑。这一时期的工作为后续的财务管理和资产评估奠定了基础，确保了公路资产管理的规范化和制度化。

2. 发展完善阶段

随着基础设施的不断完善和公路网络的扩大，我们开始关注公路资产的评估、重置成本标准的制定以及财务管理的规范。在这一阶段，重置成本标准的研究成为重点，通过对车购税资金补助标准的细致研究，逐步建立了更加科学和合理的公路资产财务管理体系。这包括了对公路建设、养护和改建等不同类型支出的补助标准的明确，使得资金分配更为合理，同时也提升了公路建设和维护的效率。

3. 深化优化阶段

在公路财务管理体系日趋成熟的基础上，进一步推动公路资产管理向信息化、数字化方向发展。通过建立公路资产信息化管理系统，实现了对公路资产的动态监管和实时更新，这不仅大大提高了公路资产管理的效率，还为公路的维护、改建提供了准确的数据支持，促进了公路管理工作的透明度和决策的科学性。

在整个发展过程中，宁夏回族自治区公路财务管理的演进体现了从基础到深化的不断进步和创新。从最初的制度建立，到资金管理的规范化，再到信息化管理的推进，每一步都是对公路资产管理理念和实践方法的深化，为实现公路资产的高效管理和可持续发展提供了有力保障。

7.1.2 公路财务管理概况

在宁夏回族自治区，公路资产管理和财务核算是一项复杂而系统化的工作,其目标不仅是保障公路资产的有效管理和使用,还包括确保财务核算的准确性和透明度,以促进区域交通基础设施的可持续发展。宁夏通过实施一系列规范和指南,建立了一套全面的公路资产管理和财务核算体系,这套体系涵盖了从资产的分类、评估、入账到后续资本性支出的核算等各个方面。

1. 公路资产管理体系的构建

宁夏回族自治区的公路资产管理体系旨在规范公路资产的管理流程,提高公路资产使用的效率和效益。这一体系的建立首先依赖于对公路资产的准确分类和评估,包括但不限于道路(不含桥梁、隧道)、桥梁、隧道等。每一类资产都根据其特性和使用情况,制定了详细的评估和核算方法。例如,道路资产会根据公路行政等级、技术等级和地形类别进行评估,而桥梁和隧道资产则会依据其类别(如特大桥、大桥、中桥、小桥;长隧道、中隧道、短隧道)进行分类和评估。

2. 资产重置成本标准

对于无法获取原始购建相关凭据的存量公路公共基础设施,特别制定了一套重置成本标准。这一标准旨在为无原始凭据的资产提供一个准确的初始入账成本,确保财务核算的准确性。重置成本的确定依据包括公路工程建设项目投资估算编制办法、公路工程概算预算编制办法、公路工程预算指标等一系列专业标准和指南。通过这种方式,即使是在缺乏原始购建凭证的情况下,也能保证公路资产的准确评估和合理核算。

3. 会计核算和信息管理

为了进一步加强公路资产的财务管理,还制定了详细的会计科目设置和公路信息卡填写规则。这些规则确保了每条公路资产从入账到资本性支出的每一个环节都能得到严格的财务控制和记录。会计科目的设置遵循了国家关于政府会计核算的通知规定,细化到每一条公路的具体段落,以确保核算的详细性和准确性。公路信息卡的填写则提供了一种标准化的方式,记录了公路资产的基本信息、财务数据和使用状态,从而实现了资产信息的有效管理和监控。

4. 后续资本性支出的核算

通过提供资本性支出核算的示例,详细说明了如何处理公路资产的改扩建等后续支出,这包括了如何将相关资产从原有会计科目转移到在建工程科目,如何归集改建费用,以及如何处理拆除部分的资产原值调整等。这一过程不仅确保了财务核算的准确性,还为资产管理提供了清晰的指引,确保了公路资产能够适应不断变化的使用需求和维护要求。

通过建立全面而详细的公路资产管理和财务核算体系,宁夏回族自治区为公路资产的有效管理和利用提供了坚实的基础。这一体系不仅涵盖了资产评估、分类、入账等基础环节，还包括了资本性支出的后续核算和信息管理等高级功能，体现了宁夏在公路资产管理方面的高度专业化和系统化。通过这些努力，宁夏回族自治区能够确保公路资产的价值最大化，为公共基础设施的可持续发展做出贡献。

5. 应用实例

以宁夏公路管理中心为例，中心不断探索增强财务管理效率，创新预算管理方法。自2021年以来，中心紧紧围绕公路建设和养护管理两大主业，以预算管理为切入点，以资金管理为主线，以绩效考核为手段，以内控建设为契机，分解下达预算指标，压实预算执行主体责任，规范资金支付审批流程，硬化预算约束，有序推进预算管理科学化、规范化和精细化。一是建立完善制度。2022年7月制定了《宁夏公路管理中心预算管理办法》，强化对预算编制、调整、执行、决算等各环节的管理指导。二是创新预算管理手段。结合中心项目预算执行实际情况，推行实施养护项目"两年期预算法"和建设项目"全周期预算法"，分年错茬安排预算，使预算资金安排更加贴近公路建管养工作实际需求。三是压实预算管理主体责任。按照财政批复及时分解下发预算指标，明确预算项目、额度和责任主体，研判各环节完成的时间节点，制定分月预算执行计划，将预算细化分解至经济分类科目，实行"旬分析、月通报"工作机制，及时对预算执行异常情况进行提醒、预警。四是强化预算监督。结合财政一体化支付系统和资金审批报销内控系统，将各项资金收支纳入财务审核监管范畴，有效杜绝了无预算或超预算支出。五是注重产学协同。与高校等科研机构联手，高质量探索新财政改革要求下预算管理的优化方法和内容，提高业财融合度，提升预算编制和执行及全过程预算绩效管理的科学化、规范化、精细化、体系化以及融合性。

7.2　宁夏公路建养资金优化

7.2.1　典型养护工程养护方法及费用

养护措施性能指标的最低可接受水平就是在计算效益面积时表征路况性能指标的限值。按照路面使用性能指标的衰变趋势不同，最低可接受水平取值可分为上限值和下限值。当路面使用性能指标随路龄增长而下降时，最低可接受水平为下限值；当路面使用性能指标随路龄增长而增长时，最低可接受水平为上限值。计算效益面积时超过性能指标最低可接受水平的部分将不计为效益。根据预测模型来确定进行养护的最佳时机，从而进行养护的最优化。通过对高速路段历史数据整理,参照预测模型曲线,运用同样的方法建立日常养护、预防性养护、结构性修复路况衰减模型。相应的模型曲线如图7-1所示,图中围成的S图形的面积即为各养护效益,S型区域由四条曲线或直线围成,分别为再养护衰减曲线、未养护PCI或RDI衰减曲线、最低可接受水平线,以及再养护年养护前后指标跃迁线,通过曲线面积积分可以计算得到该区域的面积。

由图7-1可知,$S_3 > S_2 > S_1$。日常养护虽然可以对路面病害进行修补,但是对提高路面性能效果并不显著,预防性养护对路面性能变化最佳,修复性养护虽然对于路面使用性能提升较大,但是考虑到养护资金的限制,在评价结果并未到达修复性养护程度时,不推荐进行修复性养护。

依据近些年旧路检测数据,对适用性、可操作性较强、可有效指导国省干线公路路面养护工程的养护方法及费用进行整理汇总,结果如表7-1所示。

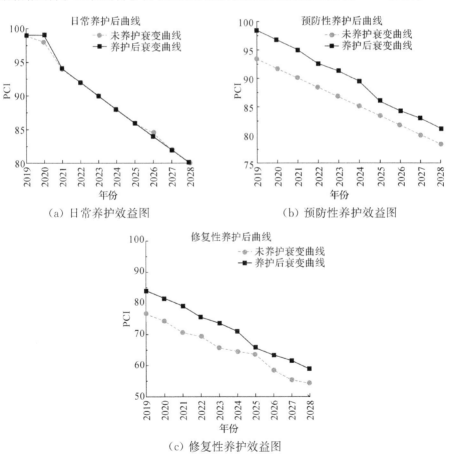

图7-1 PCI养护效益计算示意图

表 7-1 宁夏典型养护工程的养护方法及费用

养护工程类型	养护方法	结构组合形式	结构单价/(元/m²)
预防性养护	雾封层	沥青路面雾封层(乳剂型)	5.09
	稀浆封层	ES-1 型稀浆封层	7.756
		ES-2 型稀浆封层	10.49
		ES-3 型稀浆封层	11.343
	微表处	5 mm MS-2 型微表处	16.673
		10 mm MS-3 型微表处	30.234
		15 mm 车辙填充微表处	30.083
	碎石封层和纤维封层	改性沥青碎石封层	19.96
		改性乳化沥青碎石纤维封层	17.55
	复合封层	碎石封层＋微表处(橡胶沥青)	32.61
		2 cm 碎石封层＋微表处(橡胶沥青)	52.57
		碎石封层＋稀浆封层	31.31
	薄层罩面和超薄层罩面	1.8 cm SMC 改性沥青混凝土超薄层＋改性乳化沥青黏层	33.15
		2.5 cm UTAC 沥青混凝土罩面＋改性乳化沥青黏层	44.06
		3.5 cm AC-13C 改性沥青薄层罩面＋改性乳化沥青黏层	53.57
		3.5 cm AC-13C 改性沥青薄层罩面＋纤维封层	62.47
	封层罩面	2.0 cm SMC 改性沥青混凝土超薄层＋纤维封层	51.67
		2.5 cm UTAC 沥青混凝土罩面＋纤维封层	59.17
	就地热再生	3.0 cm 改性沥青混凝土就地热再生	29.87
		4.0 cm 改性沥青混凝土就地热再生	37.65
		1.8 cm SMC 改性沥青混凝土超薄层＋改性乳化沥青黏层＋4 cm AC-13C 改性沥青混凝土就地热再生	70.8
修复养护类	功能修复	4 cm AC-13 细粒式改性沥青混凝土＋改性乳化沥青黏层	60.87
		5 cm AC16 中粒式改性沥青混凝土＋改性乳化沥青黏层	73.3
		4 cm AC-13 细粒式改性沥青混凝土＋改性乳化沥青黏层	56.2
		5 cm AC16 中粒式改性沥青混凝土＋改性乳化沥青黏层	67.89
		4.0 cm HMAC-13 高模量沥青混凝土＋改性乳化沥青黏层	64.3

续表

养护工程类型	养护方法	结构组合形式	结构单价/(元/m²)
修复养护类	功能修复	5.0 cm HMAC-16 高模量沥青混凝土+改性乳化沥青黏层	76.74
		4.0 cm SMA 沥青玛蹄脂混凝土+改性乳化沥青黏层	75.08
		4 cm AC-13 细粒式改性沥青混凝土+同步碎石应力吸收层	67.21
		5 cm AC-16 中粒式改性沥青混凝土+同步碎石应力吸收层	79.64
		4.0 cm HMAC-13 高模量沥青混凝土+同步碎石应力吸收层	70.64
	结构补强	6 cm AC-20 中粒式改性沥青混凝土	78.55
		6 cm HMAC-16 高模量沥青混凝土	89.19
		6 cm AC-25 改性沥青厂拌热再生	61.82
		8 cm AC-25 改性沥青厂拌热再生	82.43
		6 cm ATB-25 沥青稳定碎石	62.26
		7 cm ATB-25 沥青稳定碎石	76.73
		8 cm ATB-25 沥青稳定碎石	87.7
		9 cm ATB-25 沥青稳定碎石	98.66
		10 cm ATB-25 沥青稳定碎石	109.62
		16 cm 水泥稳定碎石基层	73.33
		18 cm 水泥稳定碎石基层	82.1
		20 cm 水泥稳定碎石基层	90.87
		16 cm C15 水泥混凝土垫层	102.41
		18 cm C15 水泥混凝土垫层	114.08
		20 cm C15 水泥混凝土垫层	125.76

7.2.2 宁夏公路多目标养护决策

依据指标分级标准,将宁夏全区国省干线公路国道、省道划分为一种养护类型方法,建立养护决策树模型,划分结果如表 7-2 及表 7-3 所示。通过路面技术状况检测数据对各路段的养护类型进行划分,从而进行养护对策的选择。在对宁夏国省干线沥青路面进行养护对策选择时,利用路面技术状况数据对评价单元进行评价分析后,将各评价单元划分为日常性养护、预防性养护及修复性养护。

表 7-2　养护类型划分决策树(国道)

PQI	PCI	RQI	交通量/(辆/昼夜)	分类
≥85	≥85	≥85	—	日常性养护
		75~85	≤10 000	日常性养护
			>10 000	预防性养护
		<75	—	预防性养护
	75~85			预防性养护
	<75			修复性养护
75~85	≥75			预防性养护
	<75			修复性养护
<75			—	修复性养护

表 7-3　养护类型划分决策树(省道)

PQI	PCI	RQI	交通量/(辆/昼夜)	分类
≥80	≥80	≥80	—	日常性养护
		70~80	≤10 000	日常性养护
			>10 000	预防性养护
		<70	—	预防性养护
	70~80			预防性养护
	<70			修复性养护
70~80	≥70			预防性养护
	<70			修复性养护
<70			—	修复性养护

依据各路段性能预测结果及表 7-2、表 7-3 养护类型划分决策树确定各路段预选养护措施。限于篇幅原因,本节仅选取宁夏部分国省干线道路进行养护对策的选择展示,展示结果如表 7-4、表 7-5 所示。

表 7-4　决策树决策结果(国道)

路线编号	G109	S101	S101	S101	S101	S301	S301	S301	S301	S301
起点桩号	1188	1189	1190	1191	1192	3	4	26.371	27	28
终点桩号	1189	1190	1191	1192	1193	4	4.593	27	28	29

续表

路线编号	G109	S101	S101	S101	S101	S301	S301	S301	S301	S301
交通量/(辆/昼夜)	23 109	23 109	23 109	23 109	23 109	4 320	4 320	4 320	4 320	4 320
2022年PQI预测	80.87	80.60	80.92	79.52	80.69	93.64	93.62	85.30	83.17	82.59
2022年PCI预测	70.44	68.43	69.65	68.76	71.52	91.93	92.05	78.95	76.68	75.27
2022年RQI预测	85.16	87.21	86.16	83.29	84.22	96.24	96.02	93.38	91.50	92.22
2023年PQI预测	78.92	78.65	78.97	77.61	93.76	91.29	91.27	82.65	80.58	80.02
2023年PCI预测	68.60	66.65	67.83	66.97	92.30	88.67	88.78	74.56	72.41	71.09
2023年RQI预测	83.62	85.62	84.59	81.78	82.69	95.37	95.15	92.07	90.22	90.93
2024年PQI预测	77.02	76.76	77.06	75.74	73.43	89.27	88.99	80.08	78.08	77.53
2024年PCI预测	66.82	64.91	66.07	65.23	85.78	85.51	85.62	70.41	68.39	67.13
2024年RQI预测	82.10	84.07	83.05	80.29	81.19	94.51	94.29	90.79	88.96	89.66
2022年预选养护对策	结构性修复	结构性修复	结构性修复	结构性修复	结构性修复	日常性养护	日常性养护	预防性养护	预防性养护	预防性养护
2023年预选养护对策	结构性修复	结构性修复	结构性修复	结构性修复	结构性修复	日常性养护	日常性养护	结构性修复	结构性修复	结构性修复
2024年预选养护对策	结构性修复	结构性修复	结构性修复	结构性修复	结构性修复	日常性养护	日常性养护	结构性修复	结构性修复	结构性修复

表7-5 决策树决策结果(省道)

路线编号	S302	S302	S302	S302	S302	S310	S310	S310	S310	S310
起点桩号	0	1	2	3	4	24	25	26	27	28
终点桩号	1	2	3	4	5	25	26	27	28	29
交通量/(辆/昼夜)	4 206	4 206	4 206	4 206	4 206	3 579	3 579	3 579	3 579	3 579
2022年PQI预测	84.42	94.33	94.29	94.29	94.16	60.66	56.31	62.78	64.01	68.06

续表

路线编号	S302	S302	S302	S302	S302	S310	S310	S310	S310	S310
2022年PCI预测	76.67	92.19	92.19	92.19	92.19	49.76	42.31	49.89	49.43	55.29
2022年RQI预测	93.55	94.28	94.18	94.19	93.85	75.62	76.33	80.81	84.67	85.71
2023年PQI预测	80.47	89.92	89.89	89.89	89.76	57.83	53.68	59.85	61.03	64.88
2023年PCI预测	70.68	84.99	84.99	84.99	84.99	45.88	39.00	46.00	45.57	50.97
2023年RQI预测	90.58	91.28	91.19	91.20	90.87	73.22	73.90	78.24	81.98	82.99
2024年PQI预测	76.72	85.73	85.69	85.69	85.57	55.13	51.18	57.06	58.18	61.85
2024年PCI预测	65.16	78.35	78.35	78.35	78.35	42.29	35.95	42.40	42.01	46.99
2024年RQI预测	87.70	88.39	88.29	88.30	87.99	70.89	71.56	75.76	79.38	80.35
2022年预选养护对策	预防性养护	日常性养护	日常性养护	日常性养护	日常性养护	结构性修复	结构性修复	结构性修复	结构性修复	结构性修复
2023年预选养护对策	预防性养护	日常性养护	日常性养护	日常性养护	日常性养护	结构性修复	结构性修复	结构性修复	结构性修复	结构性修复
2024年预选养护对策	结构性修复	预防性养护	预防性养护	预防性养护	预防性养护	结构性修复	结构性修复	结构性修复	结构性修复	结构性修复

7.2.3 养护维修资金最优化分析

每年公路养护管理部门都会依据上一年的路况信息和养护单位等情况，核定维修经费。实践中，对于通车时间长、车流量大的路段，由于其可支配的维修经费不足以支撑全部维修需要，需要投入的维修经费远高于上级财政预算内的可支配维修资金。在此阶段，国省干线公路路面在满足资金限制和最小路面性能需求的前提下，通过对路面预养和维修策略的优化，实现养护经费的最佳配置。

在现实生活中，许多管理决策问题由若干个最优目标组成，且彼此间存在矛盾，某一目标的性能提高必然导致另一目标的性能下降。因此，很难达到全部目标函数的最优解，而仅能在多个目标函数之间寻求均衡和协调，以求各目标函数的最优。因此，多目标优化问题是一个多指标问题，通常被认为是给定一个优化目标函数集及其约束条件，寻找一组同时满足约束和优化目标的决策变量。

0~1变量能够定量地刻画离散变量之间的逻辑或序列关系,例如:开闭、取与弃、有与无等。穷尽方法是0~1型整数规划求解中最常见的一种方法,即对各个变量的值进行检验,并对其进行比较,从而获得最佳方案。但当变量的数量很多时,就不太可能了。所以,当求解问题时,往往会设计出一种仅对某些决策变量进行取值组合的方法。

在构建道路网络维修管理决策模型之前,必须确定道路网络维修管理的目标及一系列限制。在此基础上,建立了以最低成本投入为目标的道路维修决策模式,以每年总投资及各项道路状况指标的PQI平均值不低于92作为约束条件,使得道路网络能按自己的期望进行。

(1) 设置决策变量 X_{ij}

$$X_{ij} = \begin{cases} 1, & \text{路段 } i \text{ 进行养护} \\ 0, & \text{不进行养护} \end{cases}$$

(2) 设定路网养护决策的目标,决策模型共考虑两个目标函数,分别如下:

① 目标函数 F_1:最大化规划期内的整体路面养护效益

$$\text{Max} Z_1 = \sum_i^n \sum_j^m (X_{ij} \times ME_{ij})(i=1,2,\cdots,n; j=1,2,\cdots,m)$$

② 目标函数 F_2:最小化规划期内的总养护费用

$$\text{Min} Z_1 = \sum_i^n \sum_j^m (X_{ij} \times CO_{ij})(i=1,2,\cdots,n; j=1,2,\cdots,m)$$

(3) 建立约束条件:① 为避免重复养护,使得养护资金浪费,在一个规划期内(本书采用3年),一个单元的道路,只能进行一次养护维修工程,其他年度为日常养护;② 对整个规划期内的养护总预算作出约束。

$$\sum_j^n X_{ij} = 1 (i=1,2,\cdots,n; j=1,2,\cdots,m)$$

$$\sum_i^n \sum_j^m (X_{ij} \times CO_{ij}) < Tg_{\max}$$

养护决策优化是考虑在养护资金、工作量等条件的约束下,选取路网养护效益最佳的方案。规划未来三年的养护对策,依据2022年实测值得到2023年养护对策,依据《宁夏典型公路路面养护工程标准化设计》确定的养护对策选择,对宁夏国省干线公路路面使用性能数据进行分析后,得出养护对策与养护资金总预算,如表7-6所示。

表 7-6 2023—2025 年养护优化对策预算费用

养护对策	日常养护	预防性养护	修复性养护	总计
2023 年路段总长/km	3 589.196	218.915	727.600	4 535.711
最低养护预算/亿元	0.00	0.16	3.60	3.76
最高养护预算/亿元	0.00	0.91	5.58	6.49
2024 年路段总长/km	3 449.338	555.888	530.485	4 535.711
最低养护预算/亿元	0.00	0.41	2.62	3.03
最高养护预算/亿元	0.00	2.30	4.07	6.37
2025 年路段总长/km	2 592.359	1 899.514	43.838	4 535.711
最低养护预算/亿元	0.00	1.39	0.22	1.61
最高养护预算/亿元	0.00	7.87	0.34	8.21

假设前一年不进行任何养护手段，根据养护规范判断，2023 年需要日常养护路段共 3 589.196 km，预防性养护路段共 218.915 km，修复性养护路段共 727.600 km；2024 年需要日常养护路段共 3 449.338 km，预防性养护路段共 555.888 km，修复性养护路段共 530.485 km；2025 年需要日常养护的路段共 2 592.359 km，预防性养护路段共 1 899.514 km，修复性养护路段共 43.838 km。

由于养护资金有限，进行养护后路面使用性能会有所提高，故在一个规划期内，规定每个单元的道路只能进行一次养护维修，其他年度为日常养护。2021 年实测值中，由于 PQI＜85 或 PCI＜85 时，路面使用性能受到影响，需要进行路面的修复性养护。进行过修复性养护的路段，在规划期后两年，只需做日常养护即可；预防性养护路段，在进行预防性养护规范后，不同的预防性养护对策预期的使用年限要达到 2~5 年，由于规划年限为 3 年，此处设为 3 年，即在规划期内同一段路只进行一次预防性养护。

越早采取预防性养护对于路面越好，但是受到资金限制，根据 2023 年与 2024 年预测的结果判断出路面不进行养护后的路面性能结果，若是 2023 年到 2024 年预测值进行养护对策选择后依据为预防性养护，则该类路段可以在养护资金短缺和受限的情况下，进行日常养护，到规划期最后一年进行预防性养护即可。

若要保持全区干线公路使用性能处于全部"绿色"状态，根据前述的养护维修措施和目前宁夏现已执行的《普通国省干线公路养护预算编制办法》(DB64/T 1827—2022)和《普通国省干线公路养护预算定额》(DB64/T 1828—2022)，预计 2023 年养护维修预算费最低需要 3.76 亿元,最高需要 6.49 亿元;2024 年养护维修预算费最低需要 3.03 亿元,最高需要 6.37 亿元;2025 年养护维修预算费最低需要 1.61 亿元,最高需要 8.21 亿元。

7.3 宁夏资金预算管理发展建议

7.3.1 不断优化管理体制

深入分析和优化管理体制对于提升公路养护的效率和质量至关重要,这不仅能够确保公路资产的长期稳定运营,还能为社会经济发展提供坚实的交通基础设施支持。本节将进一步详细探讨如何从多个维度进行管理体制的优化。

在组织结构优化方面,进一步强调组织结构的灵活性和适应性。随着公路建设和养护领域技术的不断更新和管理模式的不断变革,组织结构也需要与时俱进。提倡实行平行管理、项目化管理等灵活的管理模式,以适应不同情况下的管理需求。考虑建立预算管理委员会以提升预算决策效率。此外,可以加强与地方政府、相关行业协会等外部组织的合作,形成多方共治的管理格局,实现资源共享、信息互通,提高公路养护管理的整体效能。

在公路管养运行机制完善方面,建立健全公路管养一体化监管、考核、评估、发布机制,压实各方管养责任。加强高速公路养护成本控制与管理,完善养护成本分析及预算定额保障机制,确保养护投入足额到位,投资效益稳步提升。探索长周期、大片区、打包等新型养护组织模式,培育一批专业性养护企业,稳步提升普通国省干线公路日常养护市场化占比。落实农村公路管养机构人员经费、运行经费及日常养护资金投入长效机制,推动农村公路"路长制"落地见效。建立完善公路管养资金投入保障体系,加强项目管理,杜绝因层层转包导致实际投入不足,影响管养质量。

在财务管理与预算控制方面,强调提高资金使用效率和透明度。建立财务管理信息系统,实现对资金流向、使用情况等的实时监控和分析,及时发现和解决资金管理中的问题。同时,加强对资金使用的内部控制和外部监督,确保资金使用合规、规范,防止出现浪费和滥用现象。

在技术创新与应用领域,进一步推动技术研发和成果转化是提升公路养护效率和质量的关键。建立专门的公路养护技术创新基地,集聚人才和资源,对于加大公路养护技术创新的支持力度至关重要。这将促进科研成果向实际生产力的转化,加速技术进步。同时,加强技术创新成果的推广和应用,建立健全技术推广机制,对于促进先进技术在公路养护领域的广泛应用具有重要意义。

在政策支持与法规完善方面,提高政策的针对性和灵活性是实现公路建养管理规范化和标准化的关键。结合实际情况,及时修订和完善相关法律法规,以适应不断变化的管理需求。此外,加大政策支持和资金投入力度,为公路养护工作提供更加有力的政策和经济保障,是确保公路养护工作顺利进行的基础。

7.3.2 固定资产与财务资金管理

宁夏公路的固定资产和财务资金管理对于公路建设和养护的效率、质量以及可持续发展具有至关重要的影响。为了实现这一目标,需要从多个角度出发,采取一系列综合性措施。

首先,建立和完善资产管理制度是确保固定资产高效管理的基础,这包括制定全面的采购、使用、维护、评估和处置规范,以及明确的管理规范和操作流程。通过这样的制度体系,提高资产的整体效益和利用率。同时,固定资产信息化管理是关键,利用信息技术建立的管理系统能够实现对所有固定资产的数字化登记和实时监控,提供资产的详细信息,帮助管理者做出科学决策。

其次,财务资金的合理分配对公路建设和养护至关重要。提升资金管理效率,建立标准化流程,引入现代财务管理软件和信息化系统,实现资金流动的实时监控和管理,是提高资金使用效率和降低管理成本的有效手段。预算分配的合理性也非常重要,需要全面分析和评估不同路段、不同类型公路的养护和建设需求,确保资金优先满足最迫切的需求。

再次,提升财务管理的透明度,增加财务报告的透明度,定期向社会公开财务报告和预算执行情况,接受公众和相关部门的监督,可以增加财务管理的公信力。风险管理与控制也是财务资金合理分配的重要内容,建立财务风险评估和预警机制,对可能出现的财务风险进行评估和预测,制定相应的风险控制和应对措施,是防范财务风险的关键。多元化资金来源是实现财务资金合理分配的重要途径之一。探索和开发多元化的资金筹集渠道,包括政府投资、社会资本合作、公路债券发行、REITS等方式,可以有效地减轻政府财政压力,增强公路建设和养护资金的可持续性。建立绩效评价机制也是财务资金合理分配的重要保障,对公路养护和建设项目的资金使用效果进行评估,可以及时发现和纠正问题,确保每一笔资金都能够发挥最大的效益。

最后,加强固定资产管理人员和财务管理人员的培训与教育是提升管理水平的关键。通过专业培训和团队建设,可以提升管理能力和专业知识,确保管理工作的专业性和高效性。通过上述措施的实施,可以有效提升宁夏公路固定资产的管理水平,实现资产的高效使用和价值最大化,为公路建设和养护提供坚实的物质基础和财务支持,推动宁夏公路事业的持续发展和进步。

7.3.3 创新驱动与数字化转型

公路的资金预算管理和资产管理正经历着向全生命周期成本最低化的转型。在此过程中,技术创新和数据驱动的决策系统发挥着核心作用,旨在提高管理效率、优化资源分配,并实现成本效益最大化。通过以下几个关键策略的实施,宁夏公路能够应对资金不稳定性、预算分配不精确性等挑战,同时提升对突发事件的响应速度。

首先,财务资金的合理分配是基础。采用基于证据的预算编制方法,如活动基础成本法(ABC),有助于优化资源分配,减少浪费。同时,多年度预算规划和灵活的预算调整机制能够平衡短期和长期需求,应对不可预见的挑战。技术创新的引入,包括信息化建设、决策支持系统、GIS技术、物联网技术应用和区块链技术,为资金管理流程的自动化和数字化提供了强有力的支撑。这些技术不仅提高了管理效率和精准度,还增强了资金流动的透明度和安全性。固定资产的高效管理同样重要。通过定期的性能评估和预测性维护,结合全面的资产管理系统,可以延长资产寿命并优化维护计划。

此外,数字化决策系统通过整合各种数据源,使用高级分析工具,可帮助管理者预测未来趋势,实时调整预算和资源分配。公路资产的数字化管理策略,包括构建公路资产数字化管理系统、数据驱动的资产维护和更新决策、长期财务规划支持系统、增强实时监控和报告功能,以及利用数字化工具提升运营效率。这些策略的实施,将使公路资产管理更加高效,降低全生命周期成本。

通过这些创新驱动和数字化转型的策略,宁夏公路的资金预算管理和资产管理将实现现代化、自动化和智能化,为公路事业的健康发展和可持续进步奠定坚实基础。

7.4 宁夏资金预算管理发展展望

目前,路面技术状况的评价方法种类繁多,包括人工检测、自动化检测以及基于数据分析的智能方法。这些方法的应用在一定程度上提高了评价的准确性和工作效率,能够为公路养护决策提供科学依据。然而,宁夏在资金预算管理方面依然面临着诸多挑战。首先,数据准确性问题直接关系到资金预算的合理性和有效性。对于高速公路、普通国省干线公路、农村公路以及市政道路等多种道路类型而言,如何确保采集数据的真实性、可靠性和完整性,是一项关键挑战。尤其在面对海量数据时,数据质量的优劣将直接影响后续的决策与预算安排。其次,资金分配的科学性与合理性是另一个复杂而多层次的问题。由于不同路段类型和路面损坏程度差异显著,所需的养护资金需求也不尽相同。如何在有限的预算内科学合理地分配资金,不仅涉及养护工程与公路建设项目之间的有效衔接,而且必须确保资金被优先用于亟需改善的路段,以使资金使用效率最大化。最后,预算控制和项目执行过程中的监管是宁夏资金预算管理面临的重大挑战。随着公路建设和养护项目的不断推进,如何有效控制预算、防止超支和浪费,是确保项目经济性的重要课题。如何通过引入新兴技术和管理方法来提升资金管理的效率和效果,已成为未来公路养护预算管理研究的重点方向。

7.4.1 大数据与人工智能的应用

随着大数据和人工智能技术的快速发展,尤其是算法的不断更新迭代,路面技术状况的检测和评估已经逐渐进入智能化时代。大数据技术使得海量路面检测数据的实时采集、存储、分析成为可能,而人工智能则通过机器学习算法进一步挖掘数据的潜在价值,从而实现更为精准的路面状况评估。未来,宁夏可以通过大数据的深度挖掘和人工智能算法的融合应用,实现路面检测数据的自动化处理和智能化分析。例如,通过引入无人机和车载传感器系统,结合图像识别和深度学习技术,可以自动检测路面的裂缝、坑洼等病害,大幅提高数据采集的效率和准确性。同时,人工智能算法可以对历史数据进行模式识别,预测未来路面老化趋势,为公路养护计划提供前瞻性指导。

此外,建立智能化的预算管理系统是未来宁夏公路养护管理的重点方向之一。该系统可以通过整合不同来源的数据,包括路面状况监测数据、历史养护记录和交通流量数据,进行科学分析并生成优化的资金分配方案。通过智能算法优化资金配置,确保预算能够根据实际需求合理分配,避免资金浪费。同时,该系统还能对预算执行情况进行实时监控,及时发现问题并进行调整,实现资金分配和预算控制的自动化,提升整体管理效率和效益。

7.4.2 全寿命周期成本管理

全寿命周期成本管理(Life-Cycle Cost Management)是一种综合考虑项目

从设计、建设到运营维护全过程的成本管理理念,能够最大化资金使用效益。对于宁夏的公路养护项目而言,引入全寿命周期管理理念,能够帮助其更为科学地制定资金预算,减少短期决策带来的资金浪费。例如,通过全寿命周期分析,可以更好地预测路面的使用年限,选择最优的材料和养护方案,延长道路的使用寿命,从而减少长期的维修成本。

未来,宁夏应进一步推广全寿命周期成本管理理念,并将其贯穿到公路规划、设计、施工和养护的各个阶段。在项目初期,通过全面的成本—效益分析,科学制定预算计划,确保资金的有效利用。在项目的实施阶段,则需要对各个环节进行动态监控,及时调整资金投入,以应对可能出现的不可预见因素,确保项目的顺利推进。通过精细化管理,最大程度地优化资金支出,不仅能够提升公路整体的经济效益,还能有效延长道路的服务年限,为社会和经济发展提供更可靠的交通保障。

7.4.3 绩效评价与反馈机制

为了确保公路养护资金的合理利用,建立健全的绩效评价与反馈机制至关重要。首先,宁夏可以引入基于绩效的预算分配制度,对各类公路养护项目进行定期的绩效评估。通过评估项目的实际效果与预期目标的差距,及时调整资金使用策略。例如,可以采用关键绩效指标(Key Performance Indicators, KPIs)评估各项目的质量、进度和成本控制情况,从而确保资金的投入能够有效提升路面技术状况和服务水平。

此外,建立透明的绩效评价体系,还能有效提升预算执行过程中的公信力。通过引入信息化平台,对资金使用情况进行公开公示,确保各方利益相关者可以随时了解资金的去向和使用效果,从而增加预算执行的透明度和责任感。同时,引入基于反馈的动态调整机制可以在项目执行过程中实时监控资金使用情况,并根据实际反馈结果进行灵活调整。例如,如果某一项目的资金使用效果不理想,可以根据反馈结果及时调整后续预算,避免进一步的浪费。

通过绩效评价与反馈机制的完善,宁夏不仅可以更科学地分配公路养护资金,还能促进养护管理工作的持续改进,确保资金用于提升公路的关键环节。最终,将有效提升公路的整体服务水平,延长道路使用寿命,并提高公众的满意度,从而推动区域交通网络的可持续发展。

参考文献

[1] 王长晟. 基于会计集中核算的公路养护事业单位财务管理分析[J]. 财经界, 2021(28): 142-143.

[2] 彭艳.《政府会计制度》下公路养护事业单位财务管理信息化[J]. 财会学习, 2020(34): 87-88.

[3] 潘巍. 创新理念下公路养护财务管理与核算探析[J]. 财经界, 2020(15): 206-207.

[4] 古传威. 高速公路养护管理发展关键要点分析[J]. 运输经理世界, 2022(28): 122-124.

[5] 石雪霞. 高速公路养护施工安全管理措施分析[J]. 运输经理世界, 2022(17): 141-143.

[6] 田卫. 高速公路专项养护工程风险评估与安全管理研究[D]. 西安:西安建筑科技大学, 2011.

[7] 赵维裕. 高速公路日常养护管理系统(FMMS)的建设与应用[J]. 交通世界, 2010(17): 263-266.

[8] 高昌. 基于全寿命周期的清连高速公路养护规划研究[D]. 西安:西安建筑科技大学, 2010.

[9] 徐海成,李健,杨艳. 中国公路交通与经济发展关系的实证研究[J]. 长安大学学报(社会科学版), 2007, 9(2): 8-13.

[10] 周浩,郑筱婷. 交通基础设施质量与经济增长:来自中国铁路提速的证据[J]. 世界经济, 2012, 35(1): 78-97.

[11] 王晓东,邓丹萱,赵忠秀. 交通基础设施对经济增长的影响:基于省际面板数据与Feder模型的实证检验[J]. 管理世界, 2014(4): 173-174.

[12] 胡鞍钢,刘生龙. 交通运输、经济增长及溢出效应:基于中国省际数据空间经济计量的结果[J]. 中国工业经济, 2009(5): 5-14.

[13] 宗刚,张雪薇,张江朋. 空间视角下交通基础设施对经济集聚的影响分析[J]. 经济问题探索, 2018(8): 67-74.

[14] 鲁渤,周祥军,宋东平,等. 公路交通通达性与经济增长空间效应研究[J]. 管理评论, 2019, 31(9): 3-17.

[15] 张勋,王旭,万广华,等.交通基础设施促进经济增长的一个综合框架[J].经济研究,2018,53(1):50-64.

[16] 张天华,高翔,步晓宁,等.中国交通基础设施建设改善了企业资源配置效率吗?:基于高速公路建设与制造业企业要素投入的分析[J].财经研究,2017,43(8):122-134.

[17] 叶昌友,王遐见.交通基础设施、交通运输业与区域经济增长:基于省域数据的空间面板模型研究[J].产业经济研究,2013(2):40-47.

[18] 陆大道.关于避免中国交通建设过度超前的建议[J].地理科学,2012,32(1):2-11.

[19] 刘秉镰,刘玉海.交通基础设施建设与中国制造业企业库存成本降低[J].中国工业经济,2011(5):69-79.

[20] 胡方俊,邹光华.当前财政金融税费改革形势下交通行业发展面临的机遇、挑战及应对措施[J].交通财会,2009(4):28-32.

[21] 郭广珍,刘瑞国,黄宗晔.交通基础设施影响消费的经济增长模型[J].经济研究,2019,54(3):166-180.

[22] 黎春春.高速公路建设项目资金管理问题探讨[J].西部交通科技,2014(1):83-87.

[23] 陈汉文,周中胜.内部控制质量与企业债务融资成本[J].南开管理评论,2014,17(3):103-111.

[24] 陈芳.营改增后高速公路建设融资方式分析[J].经贸实践,2016(24):65.

[25] 崔恒耀.优化高速公路资金管理的建议[J].财经界,2016(12):54,65.

[26] 赵红月.基于全寿命周期的路面养护费用控制技术研究[D].西安:长安大学,2012.

[27] 朱合利,芮夕捷.基于ISM的高速公路养护成本影响因素分析[J].中外公路,2013,33(1):300-303.

[28] 刘钟敏,李端生.作业成本法与标准成本法的结合应用:标准作业成本法[J].财会月刊,2015(11):32-35.

[29] 向红艳,徐莲怡.基于分数阶拓展算子GM(1,1)模型的高速公路养护成本预测[J].中外公路,2020,40(1):278-282.

[30] 李国良,周煊赫,孙佶,等.基于机器学习的数据库技术综述[J].计

算机学报,2020,43(11):2019-2049.

[31] 郑育彬,柏强,陈琳,等. 美国宾夕法尼亚州绩效式路面养护维修需求案例分析(英文)[J]. Journal of Southeast University(English Edition),2019,35(2):242-251.

[32] 杨剑锋,乔佩蕊,李永梅,等. 机器学习分类问题及算法研究综述[J]. 统计与决策,2019,35(6):36-40.

[33] 何清,李宁,罗文娟,等. 大数据下的机器学习算法综述[J]. 模式识别与人工智能,2014,27(4):327-336.

[34] 吴青,付彦琳. 支持向量机特征选择方法综述[J]. 西安邮电大学学报,2020,25(5):16-21.

[35] 林香亮,袁瑞,孙玉秋,等. 支持向量机的基本理论和研究进展[J]. 长江大学学报(自科版),2018,15(17):48-53+6.

[36] 石洪波,陈雨文,陈鑫. SMOTE过采样及其改进算法研究综述[J]. 智能系统学报,2019,14(6):1073-1083.

[37] 张驰,郭媛,黎明. 人工神经网络模型发展及应用综述[J]. 计算机工程与应用,2021,57(11):57-69.

[38] 赵琳. 基于视觉数据融合和机器学习算法的在役桥梁病害智能检测方法[J]. 计算技术与自动化,2023,42(4):47-52.

[39] 赵朗月,吴一全. 基于机器视觉的表面缺陷检测方法研究进展[J]. 仪器仪表学报,2023,43(1):198-219.

[40] 林报嘉,刘晓东,杨川,等. XGBoost机器学习模型与GIS技术结合的公路崩塌灾害易发性研究[J]. 公路,2020,65(7):20-26.

[41] 周鑫. 甘肃省普通干线及高速公路养护工程编制统一预算定额浅评[J]. 居舍,2020(14):187.

[42] 朱莉,徐怡,高严. 浅议静态与动态环境下的预算选择[J]. 昌吉学院学报,2012(6),34-37.

[43] 张小红. 固定预算与弹性预算刍议[J]. 中国总会计师,2017(10):63-64.

[44] 寇轩. 陕西省干线公路日常养护费用指标与定额修订研究[D]. 西安:长安大学,2022.

[45] 滕伟玲. 高速公路养护工程预算定额及合理费用研究[D]. 西安:长

安大学,2012.

[46] 李光宇. 河北高速公路集团养护成本管控研究[D]. 兰州:兰州理工大学,2022.

[47] 姜嘉玲. 基于多目标优化的江苏省高速公路养护决策研究[D]. 南京:东南大学,2021.

[48] 周璿,马永远,李丹,等.基于RPA的高速公路公司预算管理数字化研究[J/OL].财会通讯,2024,(12):153-159.DOI:10.16144/j.cnki.issn1002-8072.20240018.001.

[49] 刘佳丽. 全面预算管埋在高速公路企业中的应用探究[J]. 投资与创业,2023,34(23):128-130,134.

[50] 毛立举. 高速公路养护管理系统研究与分析[D]. 昆明:云南大学,2016.

[51] 汪子涵. 高速公路养护成本管理系统关键技术研究[D]. 西安:西安工程大学,2015.

[52] 马天霞. 基于智能监控的公路养护施工管理系统研究[J].产品可靠性报告,2024(2):37-39.

[53] 林睿颖,雷家艳,张苏娟,等. 基于BIM技术的公路桥梁综合管理系统[J].公路,2023,68(10):219-225.

[54] 徐亮,戴玮,孙莉,等.基于BIM的桥梁养管系统开发[J]. 工程与建设,2023,37(2):412-415,432.

[55] 邵志超,熊伟峰,张建通,等. 高速公路智慧养护管理系统设计探究[J].中国交通信息化,2022(S1):444-448.

[56] 周锦. 基于SSH的公路养护管理系统设计与实现[D]. 长沙:中南大学,2022.

[57] 陈曼妮. 高速公路路面养护管理信息系统设计与应用[D]. 合肥:合肥工业大学,2020.

[58] 杨润超,缴刚,付振宇. 普通干线公路桥梁与隧道养护管理科学决策技术研究[J]. 北方交通,2023(3):92-94.

[59] 周恋,周文,李林. 现代公路养护管理及新技术的应用研究[J]. 建筑技术开发,2020,47(20):134-135.

[60] 本刊编辑部. 现代体系与人民满意:"十三五"公路养护管理发展成果

展示[J]. 中国公路，2020(19)：16-17.

[61] 赵发展. 现代高速公路机电通信系统新技术分析[J]. 城市建设理论研究(电子版)，2020(1)：44.

[62] 王艳. 试析公路养护单位如何做好财务预算执行工作[J]. 财会学习，2019(35)：97-98.

[63] 丁春华. 加强基层公路养护单位财务监管[J]. 时代金融，2018(3)：280.

[64] 杨敏. 论新政府会计制度对公路养护单位固定资产的影响及对策[J]. 中国总会计师，2019(6)：160-161.

[65] 黄辉. 高速公路投融资面临的问题及对策探讨[J]. 交通财会，2023，(11)：14-19.

[66] 牛玉琳. 宁夏高速公路建设融资方式的探讨：传统银行贷款和债券融资[J]. 财会学习，2019，(13)：198+208.

[67] 李瑞杰，牛玉琳，丁新建，等. 乡村振兴背景下宁夏农村公路投融资模式研究[J]. 交通财会，2023，(12)：5-12.

[68] 李瑞杰. 面向绿色低碳的韧性公路交通—能源融合发展技术和展望[J]. 交通节能与环保，2024，20(5)：1-7.

[69] Shrestha K K, Shrestha P P, Kandie T K. A road maintenance management tool for rural roads in Kenya[C]//Construction Research Congress 2014. Atlanta, Georgia. Reston, VA: American Society of Civil Engineers, 2014：289-298.

[70] Oronje D O, Rambo C, Odundo P. Flow of funds for sustainable road maintenance in Kenya[J]. Review of Business & Finance Studies, 2014, 5(1)：113-126.

[71] Khair K, Mohamed Z, Mohammad R, et al. A management framework to reduce delays in road construction projects in Sudan[J]. Arabian Journal for Science and Engineering, 2018, 43(4)：1925-1940.

[72] Deng T T, Shao S, Yang L L, et al. Has the transport-led economic growth effect reached a peak in China? A panel threshold regression approach[J]. Transportation, 2014, 41(3)：567-587.

[73] Zhou L, Song S J. Green building project cost budgeting and cost

control integrating interactive VR genetic algorithm[J]. Mathematical Problems in Engineering, 2022: 3734946.

[74] Coenen T B J, Golroo A. A review on automated pavement distress detection methods[J]. Cogent Engineering, 2017, 4(1): 1374822.

[75] Ersoz A B, Pekcan O, Teke T. Crack identification for rigid pavements using unmanned aerial vehicles[J]. IOP Conference Series: Materials Science and Engineering, 2017, 236: 012101.

[76] Salari E, Bao G. Pavement distress detection and classification using feature mapping[C]//2010 IEEE International Conference on Electro/Information Technology. Normal, IL, USA: IEEE, 2010: 1-5.

[77] Zakeri H, Nejad F M, Fahimifar A. Image based techniques for crack detection, classification and quantification in asphalt pavement: A review[J]. Archives of Computational Methods in Engineering, 2017, 24(4): 935-977.

[78] Zhao H L, Qin G F, Wang X J. Improvement of canny algorithm based on pavement edge detection[C]//2010 3rd International Congress on Image and Signal Processing. Yantai, China: IEEE, 2010: 964-967.

[79] Cheng H D, Wang J L, Hu Y G, et al. Novel approach to pavement cracking detection based on neural network[J]. Transportation Research Record: Journal of the Transportation Research Board, 2001, 1764(1): 119-127.

[80] Avila M, Begot S, Duculty F, et al. 2D image based road pavement crack detection by calculating minimal paths and dynamic programming[C]//2014 IEEE International Conference on Image Processing (ICIP). Paris, France: IEEE, 2014: 783-787.

[81] Golabi K, Kulkarni R B, Way G B. A statewide pavement management system[J]. Interfaces, 1982, 12(6): 5-21.

[82] Smilowitz K, Madanat S. Optimal inspection and maintenance policies for infrastructure networks[J]. Computer-Aided Civil and Infrastructure Engineering, 2000, 15(1): 5-13.

[83] Kuhn K D, Madanat S M. Model uncertainty and the management of a system of infrastructure facilities[J]. Transportation Research Part C: E-

merging Technologies, 2005, 13(5/6): 391-404.

[84] Madanat S, Park S, Kuhn K. Adaptive optimization and systematic probing of infrastructure system maintenance policies under model uncertainty [J]. Journal of Infrastructure Systems, 2006, 12(3): 192-198.

[85] Sabatino S, Frangopol D M, Dong Y. Sustainability-informed maintenance optimization of highway bridges considering multi-attribute utility and risk attitude[J]. Engineering Structures, 2015, 102: 310-321.

[86] Fwa T F, Farhan J. Optimal multiasset maintenance budget allocation in highway asset management[J]. Journal of Transportation Engineering, 2012, 138(10): 1179-1187.

[87] Bosurgi G, Bruneo D, De Vita F, et al. A web platform for the management of road survey and maintenance information: A preliminary step towards smart road management systems[J]. Structural Control and Health Monitoring, 2022, 29(3): e2905.

[88] Okasha N M, Frangopol D M. Computational platform for the integrated life-cycle management of highway bridges[J]. Engineering Structures, 2011, 33(7): 2145-2153.

[89] Sankaran B, Nevett G, O'Brien W J, et al. Civil Integrated Management: Empirical study of digital practices in highway project delivery and asset management[J]. Automation in Construction, 2018, 87: 84-95.

[90] Marcelino P, De Lurdes Antunes M, Fortunato E. Comprehensive performance indicators for road pavement condition assessment[J]. Structure and Infrastructure Engineering, 2018, 14(11): 1433-1445.